ノンプログラマーの
GAFA部長が教える
Excelマクロ入門

4時間の
エクセル仕事は
20秒で終わる

寺澤伸洋

「ここに2500行の売上データがある。見にくいので1行おきに空白行を挿入してほしい」

このような作業を命じられたとしたら、あなたならどうしますか?

「『右クリック→挿入』を1回するのに6秒かかるとして……。合計15,000秒。4時間10分以上もかかるのか……」

「残業は確実だな……」

えている暇はない。気合を入れて、ひたすら繰り返すしかないか」

のように休みなく続けても、4時間以上かかるこの作業。

クロを使えばワンクリック、
○秒で終わります!

準備も簡単！　この11行を入れるだけ！

```
Sub 行挿入 ()
Dim i
i = 1
Range ("2:2") . Select
Do
Selection.Insert
Selection . Offset (2, 0) . Select
i = i + 1
Loop Until  i = 2500
MsgBox "終了しました"
End Sub
```

　もちろん今はここに書いてあることを理解できなくても大丈夫です。
　本書を読み終える頃には、この11行の意味がわかり、エクセル仕事
が圧倒的に速くなります。
　難しい内容を極力省き、わかりやすい説明を心がけました。実際にマ
クロを書き、動かしながら学べる構成になっています。どうぞ気軽に読
み進めてみてください。

はじめに
GAFAの現役部長が教えるマクロの真髄

マクロこそ最高の業務効率化ツール

　マクロとは、エクセルの操作を自動化するものです。事前にプログラミングしておけば、ボタン1つで瞬時に処理できます。

　皆さんが普段使っているエクセルに標準で組み込まれているので、いつでも使うことができます。

　僕は日系メーカーのマーケティング部と経営企画室で17年間勤めた後、GAFAのうちの1社に転職しました。事業企画部に配属になり、もう3年がたちます。毎日のように資料作成やデータ分析に追われる中、マクロは業務の効率化に最も貢献してくれました。手作業だと何時間もかかる作業であっても、マクロなら数十秒で終わらせることができるからです。

　一方で、実際にエクセル仕事のために何時間も残業する同僚の姿を数多く目の当たりにしてきました。

　見積書を作成するため、紙のカタログの束から定価や対象オプションを調べて、エクセルに手作業で転記する。しかし、桁を1つ間違えてすべてやり直しになるケースも多々ありました。

　こうした業務は、マクロで効率化すればあっという間に終わり、ミスも防げるものばかりでした。マクロを使えると仕事への向き合い方が変わるのです。

「マクロに仕事をさせる」という選択肢

　僕はマクロを活用し、何度も社内表彰を受けています。そのうちの1つは、数十万行の元データから分析用の詳細なデータを毎週作成する仕組みです。これは人の手でやると、丸1日どころか1週間かけても終わらない作業量です。しかし、マクロを使い30分で完成するようになりました。

そもそも、僕がマクロを作りあげるまで、この分析データは存在していませんでした。当然ですが、毎週配信するデータの作成に1週間以上は費やせないからです。ですが、マクロに仕事をさせることで、1週間分の仕事がたった30分で済みます。

「マクロに仕事をさせる」という選択肢があれば、時間の使い方も仕事の成果も大きく改善できます。データを作るためではなく、分析するために時間をかけられます。詳細なデータがそろえば、より緻密で的確な意思決定をすることも可能に。さらに、削減した時間をデータの分析や新たな仕事に使えば、生産性改善の効果は計り知れません。

マクロは誰でも使えるようになる

「GAFAで働いていて、エクセルをプログラミングしている」

　そう聞くと、ものすごくITに強いと思われてしまうかもしれません。しかし安心してください。僕は経済学部卒の文系ですし、プログラミングをしたこともありませんでした。マクロに出会ったのは、20代前半の頃です。

　それ以前はファイルをいくつもデスクトップにダウンロードしては、1つずつ開いてコピー&ペーストをしていました。モニターが無数のエクセルで埋め尽くされて、どのファイルで作業していたのかわからなくなり、パニックになったこともあります。

　そんな仕事を変えたいと、マクロを独学しました。最初は、何から学べばいいのか手さぐり。自分がやりたいことをノートに書き並べ、その動きをするマクロを調べては転記していました。それらを組み合わせ少しずつマクロを覚えていきました。

　しかしこんな苦労をしなくとも、マクロは最低限知っておくべき知識とそれを学ぶ順番さえわかれば圧倒的に楽に学べます。本書は身をもって体験した、本当に必要な知識だけを学びやすい順番でまとめました。マクロはどんな方でもちょっとしたコツさえ掴めば必ずできるようになります。

マクロの9割はいらない

　突然ですが、エクセルには何種類の関数があるかご存じでしょうか？

　なんと、エクセルには500個近い関数があります。では、皆さんはそのうちいくつを業務で使用しているでしょうか？　実際に僕は「SUM」「IF」「SUMIFS」「COUNTIFS」「VLOOKUP」の5つだけでほとんどのエクセル業務をしています。皆さんも関数をすべて覚えていなくても、十分に仕事はできているのではないでしょうか？

　同じように、マクロもすべて身に付ける必要はないのです。

　僕の20年以上の経験から「マクロ全体の1割程度を学べば会社の業務の9割以上はカバーできる」と断言できます。

　必要のない膨大な知識から学びはじめて、やる気も時間も無駄にしてしまうのは非常にもったいない。そこで僕は「マクロを完璧にマスターする」のではなく「マクロで少しでも仕事を効率化させる」という目的に絞って社内講座をはじめました。

　細かい知識の量よりも、普段の業務をするために必要な知識があるかが重要です。僕のマクロ学習法は「マクロを仕事で使うための、ポイントのみを押さえた省力的で効率的な学び方」に重点を置いています。

マクロで人生さえ変わる！？

　僕の講座では
- 難しい用語を極力使わない
- 業務をこなすのに本当に必要なエッセンスだけを集中的に学ぶ

・実際に手を動かして学ぶ
・講座は合計6時間
を心がけています。

　たった6時間でマクロが学べるなんて信じられないかもしれません。確かにこれだけでは高度な機能に触れられませんが、普段の業務で使うには十分な知識が身に付きます。必要最低限を学び、すぐに仕事で実践したほうが楽しく、そして上達も早くなります。

　僕の講座を受けて「マクロは難しい」という思い込みから解放された方が大勢いらっしゃいます。その方々には「自分の仕事も変えてみたい」という好奇心と「自分の仕事にマクロをどうやって使おうか」という想像力が芽生えていました。その結果、仕事への取り組み方が変わり、時間の余裕が生まれ「マクロを知って人生が変わった」といってくださった方までいます。

　本書は目の前にどんどん降ってくるエクセル作業を一刻も早く効率化し、仕事のやり方を変えたい方にぜひ読んでいただきたいです。初心者の方、過去に学ぼうとして挫折した経験のある方へ向けて、わかりやすい説明を心がけました。難しい内容を極力省き、必要最低限の内容を学べるように構成しています。ぜひ本書でマクロを身に付け、ご自身の仕事を大きく変えていってください。

　本書で皆さんの業務効率が大きく改善することを心より願ってやみません。本書がエクセル仕事に悩む人々を救い、マクロを使って仕事を効率化する人が増える一助になれば幸いです。

本書の理念 ―マクロを効率的に学ぶための4ヶ条―

　本書の目的は「仕事で必要なマクロを効率的に身に付ける」ことです。

　先ほどお伝えした通り、マクロ全体の1割程度を学べば会社のエクセル業務の9割以上はカバーできます。

　仕事で使わない不要な知識を詰め込もうとしたせいで、せっかくはじめたマクロの学習を諦めてほしくない。その思いから、効率的にマクロを学ぶために大切な4つのポイントをまとめました。

1 　専門用語を暗記しない

　マクロを学ぼうとすると「コレクション」「オブジェクト」「プロパティ」「メソッド」「プロシージャ」などの専門用語が多く出てきます。

　ほとんどの書籍には、こうした言葉の細かい説明があると思います。これらを理解するに越したことはないですが、普段のエクセル仕事をするレベルではそのような知識は必要ありません。

　なじみのない用語の説明はわかりにくく、初心者を混乱させる表現が多いです。本書ではあえて厳密な言葉を使わず、理解しやすいように言い換えています。

　1つ例を挙げてみます。こちらはマイクロソフトのホームページにある説明です。

A) sheetsコレクションを取得するのには、Workbookオブジェクトのsheetsプロパティを使用します。

B) 新しいシートを作成し、コレクションに追加するには、addメソッドを使用します。

C) sheet（インデックス）にシート名＿＿ またはインデックス番号を使用して、1つのChartオブジェクトまたはWorksheetオブジェクトを返します。次の使用例は、Sheet1というシートをアクティブにし

ます。

〈https://docs.microsoft.com/ja-jp/office/vba/api/excel.sheets より抜粋〉

　確かにこれは正しい表現かもしれません。しかし、僕はこれを理解しようという気すら起きませんでした。はたして本当にこの表現が必要なのでしょうか。先ほどの説明を簡単に言い換えてみます。

A) シートに関する作業をしたいときは「Sheets」という命令を使う
B) シートを追加したいときは「Sheets("シート名").add」と書く
C) シートを「Active」（選ばれた状態）にするには「Sheets("シート名").activate」と書く

　これなら今日勉強しはじめた人でも理解できるのではないでしょうか。僕は難しい言葉の知識ではなく「○○のときはXXと書く」と必要最小限だけ覚えています。もちろんそれで仕事は全く支障なく進んでいます。

2　コードはどんどん再利用する

　何度もマクロを作っていると「以前と同じ動作をさせたい」ことが増えてきます。そのときは、既に書いたコードを再利用すべきです。最初から書くと時間がかかり、エラーが出るリスクも高くなるので、いいことがありません。既存のコードを使えば、作成時間を数時間単位で短縮できる場合も多いです。そのときは自分が作ったコードや、既に作成されたサンプルコードをコピー＆ペーストしましょう。必要なところだけ修正すれば、手間も時間もかからず、エラーなく動かせます。どの部分を再利用すればいいかは、本書で学ぶ知識があれば判別できます。
　例えば本書のChapter7では、エクセルのシートをコピーするマクロを紹介します。マクロではシートごとコピーをした方が効率化できるのでよく使います。すべて書くと18行ほどになりますが、シート名の1ヶ所さえ書き換えれば、どんな場面でも使うことができます。

すべて自分の手で作ることは確かに素晴らしいです。とはいえマクロの目的は省力化です。できるだけ楽して作ることを心がけましょう。

3 関数を積極的に使う

マクロでは関数を2通りの方法で使うことができます。

1つ目はマクロ用の関数を使う方法。エクセルで使っていた関数のマクロ版と考えてください。例えばVLOOKUP関数やCOUNTIF関数はマクロでは次のように書きます。

WorksheetFunction.Vlookup(検索値,範囲,列番号,検索の型)
WorksheetFunction.CountIf(範囲,検索値)

これまで使っていた関数と似ているようで少し違いますね。これには検索値などにマクロ特有の書き方のルールがあります。新たに使い方を覚えないといけませんし、勝手が違って戸惑うことも多いです。

そこで2つ目の、マクロを使ってセルにエクセルの関数を入力する方法をおすすめします。こちらは、関数をセルに入力していた手作業そのものをマクロにさせます。手作業をマクロに置き換える感覚が掴みやすく、理解しやすいのです。""(ダブルクォーテーション)で囲まれた中はエクセルの関数と全く一緒です。ですから、マクロを書く前にシート上で正しく動くか検証できます。そうすれば、エラーやミスを減らせます。実際に関数をセルに入力しているので、手作業と同じようにコピー&ペーストもできます。

Range("セル").formula = "=VLOOKUP(検索値,範囲,列番号,検索の型)"
Range("セル").formula = "=COUNTIF(範囲,検索値)"

この他にも「関数とマクロの合わせ技」を使うと、格段にマクロを作りやすくなる場面があります。後ほどご紹介します。

4 | 変数も繰り返しも1パターンで

これまで少しでもマクロを学んだ経験のある方は「マクロを使いこなすには様々な構文を覚えないといけない」と思われているのではないでしょうか。しかしほとんどの場合、最も汎用性のあるものを1つ覚えるだけで大丈夫です。まず必要最低限のことを身に付け、より早くマクロの全体像を理解しましょう。その方が上達も早くなります。

それでは、いくつか例を挙げながら見ていきましょう。

例1：変数

後ほどくわしい説明をしますが、変数という概念があります。ここでは、数字や文字をしまっておく箱のようなものと考えていてください。

型の名前	マクロの表記	しまうことができるデータ
バイト型	Byte	0 ～ 255 までの整数
ブール型	Boolean	True 又は False
整数型	Integer	-32,768～32,767 の整数
長整数型	Long	-2,147,483,648～2,147,483,647 の整数
通貨型	Currency	-922,337,203,685,477.5808 ～ 922,337,203,685,477.5807 の固定小数点
単精度浮動小数点型	Single	負の値：-3.402823E38 ～ -1.401298E-45 正の値：1.401298E-45 ～ 3.402823E38
倍精度浮動小数点型	Double	負の値：-1.79769313486232E308 ～ -4.94065645841247E-324 正の値：4.94065645841247E-324 ～ 1.79769313486232E308
日付型	Date	西暦 100 年 1 月 1 日～西暦 9999 年 12 月 31 日までの日付と時刻
文字列型	String	文字列
オブジェクト型	Object	オブジェクトを参照する
バリアント型	Variant	すべてのデータに適応

前のページの表のように、変数には中に入れられるものによっていくつもの種類（型と呼ばれる）があります。

　表を見るだけで「うわーっ」ってなりますよね。真ん中の方に書いてある数字を見ていると目が回りそうになります。「この表をきちんと覚えて使いわけるには、相当時間かかりそうだなあ。でも書いてあるから覚えなきゃなあ……」と思ってしまったのではないですか？

　でも、この表の一番下に注目してください！

「バリアント型：すべてのデータに適応」とあります。

　つまり、バリアント型の箱にはどんなものも入れられます。これだけ使えばすべて解決なのです。

　どういったことなのか、少し解説します。先ほどのページの表の上から3番目に整数型という型があります。これにしまえるのは、–32,768から32,767の間の整数だけです。この型に範囲外の数値を入れるとエラーが出ます。小数を入れると、自動的に切り上げや切り捨てされ、整数になります。ですから、かけ算やわり算の結果をしまおうとすると、エラーが出たり、その先の処理が思い通りにいかなかったりする可能性があります。また、間違えて文字を入れてもエラーが出てしまいます。

　すべてのデータに対応するバリアント型であれば、どんな値が入ってもエラーは出ません。学ぶことを少なくしながら、エラーを出しにくくできます。

　実際の使い方はChapter3で説明します。

例2：繰り返し処理

　こちらも先に進むと出てきますが、マクロを学ぶ醍醐味は繰り返し処理にあります。手作業を何度も繰り返す必要がなくなり、業務を格段に効率化させることができます。

　この繰り返し処理にも、命令の書き方が複数存在します。

コード	詳細
For 〜 Next	繰り返す処理の回数が決まっている場合に利用できる
Do 〜 Loop Until	繰り返すための条件は自由に決められる

　1つ目の「For 〜 Next」は、繰り返す処理の回数が決まっている場合にのみ利用できます。2つ目の「Do 〜 Loop Until」は繰り返す条件を自由に決められます。では、どちらを覚えるのが効率的でしょうか？
「Do 〜 Loop Untilだけ学べば十分ではないか」と思った皆さん、その通りです。「Do 〜 Loop Until」さえ覚えればどんな条件でも繰り返し作業をさせることができます。まずはこちらを使えるようになりましょう。
　くわしくはChapter6で説明します。

本書の構成

Chapter1：マクロを作る・動かす環境を準備する

マクロを作るための環境を整えましょう。

難しいことはありません。

エクセルの設定を少し変えるだけで大丈夫です！

Chapter2：シート・セル・行・列の操作は3ステップで

文字入力や削除、コピペなど、シートやセル、行、列の操作をするマクロを作りましょう。

普段の手作業を3ステップにわけ、マクロにする方法を学びます。

Chapter3：変数をマスターすれば作業が圧倒的に減る

変数を使い、マクロを書く労力を減らしましょう。

他にも様々な使い道があります。

マスターすればマクロでできる動きが一気に広がります！

Chapter4：対応力アップ！ 条件ごとに作業を分岐させる

条件ごとに作業を分岐させる柔軟なマクロを作りましょう！

Chapter5のメッセージボックスと組み合わせると、ユーザーの答えによってマクロの動きを変えられます。

Chapter5：マクロが劇的にわかりやすくなるメッセージボックス

メッセージボックスを使い、わかりやすいマクロを作りましょう！

通知や警告の出し方などを学びます。

起動や処理終了を知らせると、より使いやすいマクロに！

Chapter6：繰り返し作業はすべてマクロにやらせよう

時間や手間のかかっていた繰り返し作業をマクロ化しましょう！
マクロ自体を簡略化するテクニックも学べます。
まさに、マクロの醍醐味！

Chapter7：「シートごとコピー」でコピペが超効率化する

複数のエクセルファイル間でのコピペの方法を学びます。
マクロでは「シートごとコピー」が最も効率的！
作業の幅がさらに広がります。

Chapter8：書き方に悩んだら？ マクロの記録

マクロの書き方を最も手軽に調べる方法！
実際の作業を録画し、マクロを自動で作成してくれます。
重大な欠点もあるので、使い方には気を付けましょう。

Chapter9：シーン別！ 実際の仕事でのマクロ活用法

実際の業務で利用できるマクロを紹介しています！
業務改善に使えそうな部分をピックアップして学んでください。

Chapter10：超簡単なマクロでもっと効率化するテクニック

たった数行でもっと便利になるマクロを紹介します。
とても簡単ですが、効果は抜群です！

目次

はじめに　GAFAの現役部長が教えるマクロの真髄　004

本書の理念　―マクロを効率的に学ぶための４ヶ条―　008

本書の構成　014

本書の内容と学習用ファイルについて　021

Chapter 1
マクロを作る・動かす環境を準備する

1　たった1つ設定を変えれば、マクロはすぐに使える！ ……………… 024

2　マクロを書いて、保存する方法 ………………………………………… 027

3　最低限知っておくべきマクロのルール ………………………………… 032

4　最も簡単なマクロ起動法 ………………………………………………… 036

5　エラーを恐れるな。エラーに慣れろ ………………………………… 039

Chapter 2
シート・セル・行・列の操作は３ステップで

1　マクロを作るには手作業を分解せよ …………………………………… 044

2　シートを選択する ………………………………………………………… 046

3　セルを選択する　初級編

　3-1　セルを1つ選択する(1) ……………………………………………… 048

　3-2　セルを1つ選択する(2) ……………………………………………… 050

　3-3　セルを範囲選択する ………………………………………………… 052

　3-4　複数のセルをバラバラに選択する ………………………………… 053

　3-5　シート上の全セルを選択する ……………………………………… 054

4 セルを選択する　上級編
　4-1 相対参照でセルを選択する ──────── 056
　4-2 終端セルを選択する ──────────── 058
　4-3 終端セルと相対参照を組み合わせて選択する ── 062
　4-4 今選択されているセルをSelectionとして扱う ── 064
　4-5 RangeとSelectionを組み合わせて範囲選択 ── 067

5 セルに指示を出す
　5-1 セルに文字を入力する ──────────── 071
　5-2 セルの内容をクリアする ─────────── 073
　5-3 セルに数式を入力する ──────────── 075
　5-4 セルの内容をコピーする ─────────── 078
　5-5 コピーした内容を貼り付ける ───────── 079
　5-6 セルを塗りつぶす・文字色を変える ─────── 083

6 行・列で作業する
　6-1 行や列を選択する ───────────── 087
　6-2 行や列を削除する ───────────── 091
　6-3 行や列を挿入する ───────────── 093

7 オートフィルタの使い方
　7-1 オートフィルタのかけ方・外し方 ──────── 095
　7-2 1つの条件で絞る ───────────── 097
　7-3 複数条件で絞る ────────────── 099

Chapter **3**

変数をマスターすれば作業が圧倒的に減る

1 変数のイメージとルール ─────────── 102
2 変数を設定して利用する方法 ────────── 105
3 変数の値を新たに上書きする ────────── 108
4 ウォッチウィンドウで変数の値をチェック ──── 111

Chapter **4**

対応力アップ！条件ごとに作業を分岐させる

1 条件分岐のイメージ ··· 116
2 **If** を使う場面 ··· 117
3 **If** の基本 ··· 118

Chapter **5**

マクロが劇的にわかりやすくなるメッセージボックス

1 単純なメッセージの出し方 ··· 122
2 「はい」「いいえ」を選択させる方法 ··································· 125
3 アイコンの出し方 ··· 128

Chapter **6**

繰り返し作業はすべてマクロにやらせよう

1 繰り返しのイメージ ··· 132
2 繰り返し処理の基本 ··· 133
3 セルの内容が条件の繰り返し ··· 135
4 回数を指定する繰り返し ··· 139
5 繰り返し奥義！ マクロ×**VLOOKUP** 関数×**MAX** 関数 ········· 143

Chapter **7**

「シートごとコピー」でコピペが超効率化する

1　基本の考え方 ——————————————————————————— 150
2　シートを移動させる方法 ——————————————————— 152

Chapter **8**

書き方に悩んだら？ マクロの記録

1　マクロ記録ボタンの出し方 ——————————————————— 160
2　マクロの記録の手順 ————————————————————————— 162
3　実際にマクロを記録してみよう ——————————————— 164

Chapter **9**

シーン別！ 実際の仕事でのマクロ活用法

シーン1　データ差し込みから保存までを自動化
　　　　　（別ファイル保存編）———————————————————— 168
シーン2　データ差し込みから保存までを自動化
　　　　　（PDF出力編）————————————————————————— 173
シーン3　フィルタとコピペの繰り返しがなくなる！
　　　　　データ切りわけ ——————————————————————— 176
シーン4　地味にめんどくさい！ 列の挿入とデータの付け足し —— 183
シーン5　入力ミスが激減！ シートへのデータ追加 ———————— 188
シーン6　フォルダに放り込むだけでOK！
　　　　　複数ファイルからのデータ取り込み —————————— 192
シーン7　圧倒的速さと正確さを実現！ ダブりデータ削除 ———— 198

COLUMN　マクロか？手作業か？ 最大限時短するための使いわけ ———— 201

Chapter 10
超簡単なマクロでもっと効率化するテクニック

テクニック1　重いマクロの処理が激変する**1行** ·········· 204

テクニック2　エクセルにもトップページを作ろう ·········· 206

テクニック3　転ばぬ先のマクロ！
　　　　　　バックアップの自動作成　**その1** ·········· 209

テクニック4　転ばぬ先のマクロ！
　　　　　　バックアップの自動作成　**その2** ·········· 215

あとがき　　218

本書で出てくるマクロ ·········· 220

本書の内容と学習用ファイルについて

本書の内容

　本書に掲載されている情報は2020年10月時点のものです。

　Excel 2016以降で動作を確認したコードを掲載しています。

　また、解説のため使用している画面はWindows版のExcel 2016のものです。ご利用の環境によって表示などが異なる場合があります。

学習用ファイルのダウンロード方法

　本書では学習用ファイルを用意しています。

　Chapter2以降で利用します。下記URLよりダウンロードください。

　なお、本書の内容やサンプルコードの実行はすべてお客様自身の責任と判断のうえ、行ってください。いかなる損失を被った場合でも、著者並びに出版社は責任を負いかねます。ご了承ください。

https://www.diamond.co.jp/go/pb/gafamacro/

❶ 必ず、ブラウザ上部のアドレスバーにURLを入力してください（各種検索サイトの検索窓からは開くことができません）。

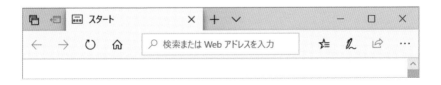

❷ ダウンロードページに移動したらファイル名をクリックします。

❸学習ファイルは圧縮された状態でダウンロードされます。

　ファイルをダブルクリック、もしくは右クリックから「開く」を押すと展開され、使用できるようになります。

　マクロファイルを開くと、セキュリティの警告が表示されることがあります。学習の際はマクロを有効にしてご利用ください。くわしくはP.26で解説しています。

1

マクロを作る・動かす環境
を準備する

POINT

さっそくこれからマクロを学んでいきます。

まずはマクロを動かす環境を準備する必要があります。とはいっても難しい作業ではありません。普段使っているエクセルの上だけで準備は完了します。

新しいエクセルの使い方への入口に差し掛かります。

新たな世界を楽しみながら学んでください。

1 たった1つ設定を変えれば、マクロはすぐに使える！

　マクロを作成し、動かすためには通常とは異なるエクセルファイルを準備しなければいけません。これを「マクロ有効ブック」といいます。

　Excel 2007以降、マクロを動かせるか否かによって2種類のエクセルファイルが使い分けられています。

　これらはファイル名の末尾についている拡張子によって区別できます。マクロを含まないファイルの拡張子は「.xlsx」で、マクロ有効ブックの拡張子は「.xlsm」です。マクロは「マクロ有効ブック（.xlsm）」のエクセルファイルでないと動かせないので注意してください。

.xlsx：マクロが有効でない通常のエクセルファイル
.xlsm：マクロが有効なエクセルファイル

　それでは、通常のエクセルファイルをマクロが有効なファイルに変える方法を紹介します。

　エクセルファイルを開き「ファイル」タブをクリックします。

次に「名前を付けて保存」から「参照」をクリック。

保存場所を選択しファイル名を決めます。ファイルの種類で「Excel
マクロ有効ブック (*.xlsm)」を選んで保存します。

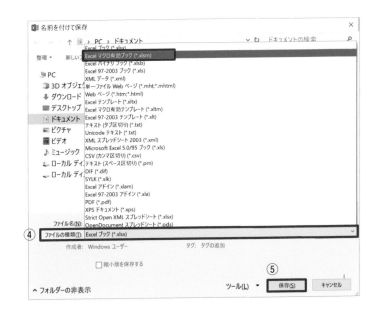

「.xlsm」形式のエクセルファイルができたら、準備完了です。

マクロを使う環境設定

セル行列操作の3ステップ

変数を理解し作業を減らす

条件分岐で対応力アップ

メッセージで使いやすく

繰り返し処理で作業効率化

シートコピーで手間が減る

悩んだらマクロの記録

シーン別！実践的活用法

簡単マクロでもっと便利に

セキュリティの警告について

　本書では「.xlsm」形式の学習用サンプルファイルを用意しています。この形式のファイルを開くと、セキュリティの警告が出てマクロが無効になることがあります。「コンテンツの有効化」を押すと、マクロが使えるようになります。

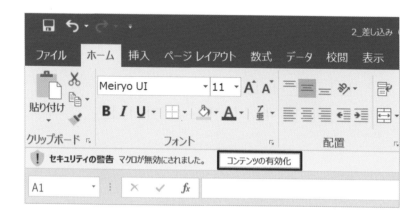

マクロを使う 環境設定

セル行列操作の3ステップ

変数を理解し作業を減らす

条件分岐で対応力アップ

メッセージで使いやすく

繰り返し処理で作業効率化

シートコピーで手間が減る

悩んだらマクロの記録

シーン別！実践的活用法

簡単マクロでもっと便利に

2 マクロを書いて、保存する方法

マクロを書く場所について説明します。

先ほど作成したマクロ有効ブックを開きましょう。[Alt] と [F11] を同時に押してください。マクロ作成画面が出てきます。

[Alt] + [F11] でエクセルマクロ作成画面

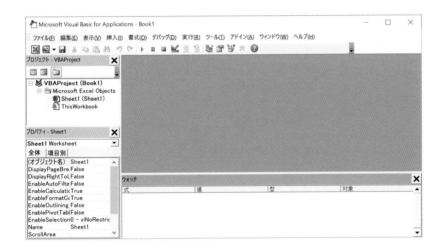

ここから元のエクセル画面に戻りたい場合は、左上にあるエクセルのアイコンをクリックします。

マクロ作成画面で「挿入」タブから「標準モジュール」をクリックして
ください。「標準モジュール」とは、マクロを書いたり実行させたりす
る場所のことです。

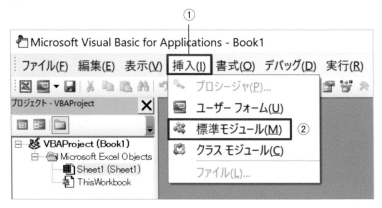

左側のプロジェクトエクスプローラーに「標準モジュール」と「Module1」
が現れます。グレーから白地に変わった右側部分にマクロを書いていき
ます。

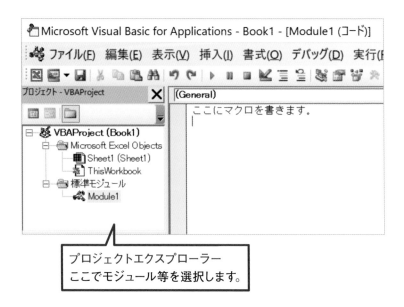

マクロを使う 環境設定

セル行列操作の3ステップ

変数を理解し作業を減らす

条件分岐で対応力アップ

メッセージで使いやすく

繰り返し処理で作業効率化

シートコピーで手間が減る

悩んだらマクロの記録

シーン別!実践的活用法

簡単マクロでもっと便利に

マクロの保存

　画面上部のツールバーにあるセーブアイコンを押します。マクロ作成画面で押しても、元のエクセル画面で押しても保存されます。

　マクロはそれぞれのエクセルファイルに保存されています。マクロ作成画面の標準モジュールを開けば、いつでも再編集できます。

モジュールを増やす

　再度「挿入」タブから「標準モジュール」を選択すると「Module2」が作成されます。

　1つのモジュールの中にマクロをいくつ書いても問題ありません。ただマクロの分量が多すぎると、修正箇所を見つけづらく苦労することがあります。こまめに新しいモジュールを作り、マクロを機能別や種類別にわけておきましょう。

モジュールの削除（解放）と保存

　標準モジュールを削除することを解放といいます。削除したいモジュールにカーソルを合わせて右クリックをしてください。

「Module2の解放」を選ぶと警告が出てきます。

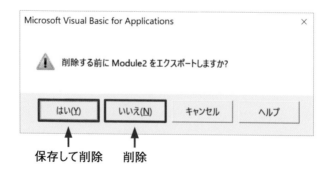

保存して削除　　削除

「いいえ」を選ぶとそのまま削除されます。「はい」を選ぶとモジュール単位でマクロを保存できます。

　保存したモジュールを戻したい場合は、プロジェクトエクスプローラー上で右クリックし「ファイルのインポート」を押してください。

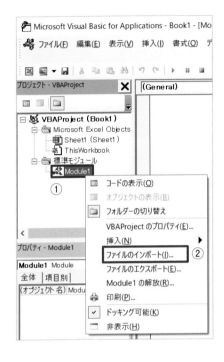

その後、該当のファイルを選択します。

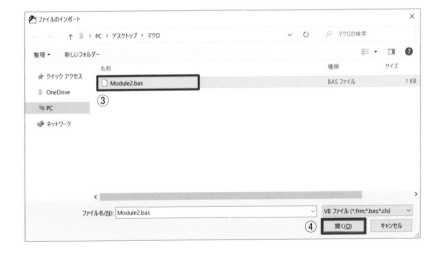

マクロを使う

環境設定

のセル行列操作
3ステップ

変数を理解し
作業を減らす

条件分岐で
対応力アップ

メッセージで
使いやすく

繰り返し処理
で作業効率化

シートコピー
で手間が減る

悩んだら
マクロの記録

シーン別！
実践的活用法

簡単マクロで
もっと便利に

3 最低限知っておくべき マクロのルール

　先ほど作った標準モジュールにマクロを書いていきます。まずは基本的なルールを説明します。

名前のルール

Sub マクロ名 ( )
　　※この間にマクロを書く
End Sub

- マクロ名にはアルファベット、ひらがな、漢字、数字、_ （アンダーバー）などが使えます。
- スペースや . , : ; ! @ & $ # などの記号は使えません。
- 先頭には文字を使わなければなりません。
- マクロ名の後ろの中に何も入っていない ( ) を消すことはできません。

　Sub ～ End Sub がセットになっていないとエラーが出ます。
　Sub の後ろに1スペース分空けてからマクロ名を書き Enter を押すと、自動で末尾に( )が、1行空けて End Sub が追加されます。
　End Sub の次の行から続けて別のマクロを書けます。

```
(General)
Sub マクロ1()
※この間にマクロを書く
End Sub
Sub マクロ2()
※この間にマクロを書く
End Sub
```

マクロを使う｜環境設定

セル行列操作の3ステップ

変数を理解し作業を減らす

条件分岐で対応力アップ

メッセージで使いやすく

繰り返し処理で作業効率化

シートコピーで手間が減る

悩んだらマクロの記録

シーン別！実践的活用法

簡単マクロもっと便利に

中にコメントが書ける

　各行の先頭で Shift と 7 を同時に押すと '（アポストロフィ）が付き、文字が緑色に変わります。この機能をコメントといい、その部分はマクロから無視されます。

Sub マクロ名（）
　　'アポストロフィを付けると緑色のコメントになる
End Sub

　コメントを利用すると「ここから下が○○を動かすマクロ」など説明を加えられます。理解しやすくなるので、積極的に活用してください。

複数行にまとめてコメント

　複数行を一気にコメント化することもできます。「表示」タブの「ツールバー」から「ユーザー設定」を開いてください。

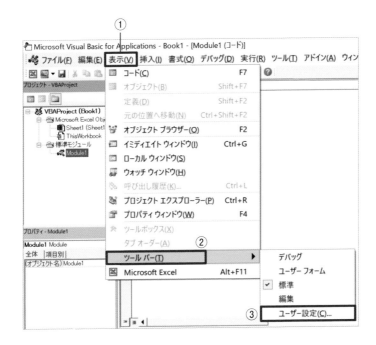

ウィンドウが出てきます。左側の分類ボックスから「編集」を選んでください。右側のコマンドボックスを下にスクロールさせると「コメント　ブロック」「非コメント　ブロック」の項目が出てきます。

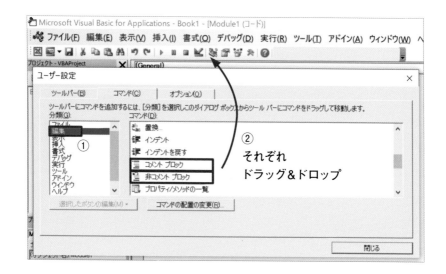

　これらをそれぞれ画面上部のツールバーまでドラッグ＆ドロップするとツールバーに追加できます。

　複数行を選んでから「コメント　ブロック」を押すと、選んだすべての行の先頭にアポストロフィが付きます。同様に「非コメント　ブロック」を押すと、選んだ行の先頭からアポストロフィが削除されます。

実践してみよう

　それではここでマクロを作ってみましょう！

　名前は「テスト1」にして、中に「これはテストです」とコメントを入れてください。

```
(General)
Sub テスト1()
'これはテストです
End Sub
```

　「'」の後ろが緑色のコメントになっていれば成功です！

マクロを使う環境設定

セル行列操作の3ステップ

変数を理解し作業を減らす

条件分岐で対応力アップ

メッセージで使いやすく

繰り返し処理で作業効率化

シートコピーで手間が減る

悩んだらマクロの記録

シーン別！実践的活用法

簡単マクロでもっと便利に

4 最も簡単なマクロ起動法

　中身は空でしたが、はじめてのマクロが書けましたね！

　マクロを動かす方法はいくつかありますが、起動ボタンを押すのが最もわかりやすいです。エクセルの画面に戻り「挿入」タブから「図形」で好きな形を選びます。ここでは「角丸四角形」にします。それをエクセルシート上に配置してください。

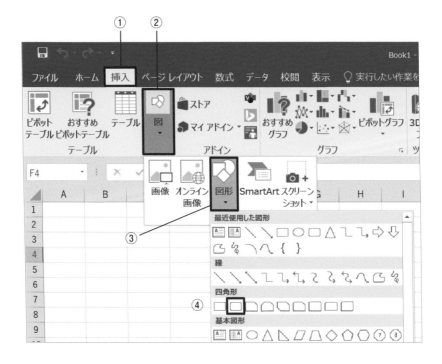

　ボタンに起動させるマクロ名を書いておくとわかりやすいです。図形上で右クリックして「テキストの編集」を選ぶとボタンに文字を書き入れられます。

ボタンにマクロを登録する

先ほどの図形を右クリックし「マクロの登録」を選択してください。

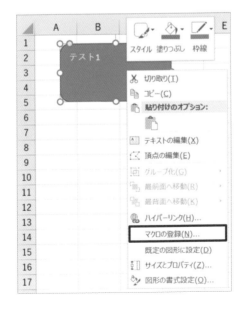

マクロを使う
環境設定

セル・行・列操作
の3ステップ

変数を理解して
作業を減らす

条件分岐で
対応力アップ

メッセージで
使いやすく

繰り返し処理
で作業効率化

シートコピー
で手間が減る

悩んだら
マクロの記録

シーン別！
実践的活用法

簡単マクロで
もっと便利に

ポップアップが出てくるので、登録するマクロを選択します。先ほど
作ったテスト1を選んで「OK」を押してください。

　すると四角形はマクロを起動させるボタンに早変わりします。
カーソルを乗せたときに指の形に変われば完了です！

マクロを使う　環境設定

セル行列操作の3ステップ

変数を理解し作業を減らす

条件分岐で対応力アップ

メッセージで使いやすく

繰り返し処理で作業効率化

シートコピーで手間が減る

悩んだらマクロの記録

シーン別！実践的活用法

簡単マクロでもっと便利に

5 エラーを恐れるな。エラーに慣れろ

　ここまでで、皆さんはマクロを起動できるようになりました。この後、作り方を学んだらすぐに動かせます。

　ただ、そこでマクロ初心者の壁となるのがエラー。最初は誰でもエラーを出します。そのたびにドキッとしたり、焦ったりと大変な思いをするものです。あまりにエラーが出るので、だんだんマクロが嫌になり距離を置いてしまった人もいるかもしれません。

　しかし、エラーに怯える必要は全くありません。エクセルファイルやパソコンが壊れるようなことは起こらないので安心してください。

　ここでは「エラーなんて大したことはない」と実感していただきます。わざとエラーを出して、実際のマクロの動きや、その解除方法を学びましょう。ある程度慣れてくれば冷静に対処できるようになります。

わざとエラーを出してみよう

　これまでと同じエクセルファイルを使います。シートの名前が「Sheet1」になっているか確認してください。

　少しだけ次の章を先取りすることになりますが、先ほどのマクロ「テスト1」の中に「Sheets(Sheet1).Select」と書いてみましょう。

```
(General)
Sub テスト1()
Sheets(Sheet1).Select
End Sub
```

これはSheet1を選択する（Sheet1を表示する）マクロです。本来ならばシート名は""（ダブルクォーテーション）で囲む必要があります。しかし今回は""が抜けているのでエラーが発生します（正しくは「Sheets("Sheet1").Select」と記載します）。

　書けたらエクセルシートに戻って、先ほど作った起動ボタンで動かしてみましょう。

　変な表現かもしれませんが、次のエラーが出たら成功です！

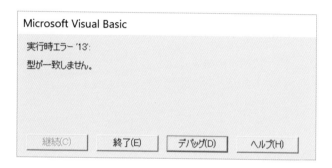

エラー解除の方法

　エラーが出たときは、慌てずに「デバッグ」ボタンを押してください。原因となった行が黄色く反転します。

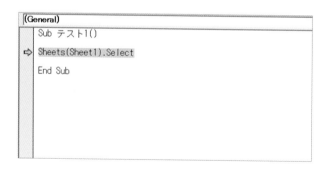

マクロを使う
環境設定

セル行列操作
の3ステップ

変数を理解し
作業を減らす

条件分岐で
対応力アップ

メッセージで
使いやすく

繰り返し処理
で作業効率化

シートコピー
で手間が減る

悩んだら
マクロの記録

シーン別！
実践的活用法

簡単マクロで
もっと便利に

　この部分を直せばエラーは出なくなります。しかし、そのままではまだマクロは動きません。処理を再開するにはリセットボタンを押す必要があります。

　リセットボタンはツールバーにある青く四角いボタンです。かなり気づきにくいところにあるので注意してください。

　それでは先ほどのマクロを「Sheets("Sheet1").Select」と正しく書き直してリセットボタンを押してみてください。

　全角の“ ”（ダブルクォーテーション）はマクロ作成画面では自動的に半角の""（ダブルクォーテーション）へと変換されます。全角のものを入力したり、コピー＆ペーストしてもエラーは出ません。

リセットボタン

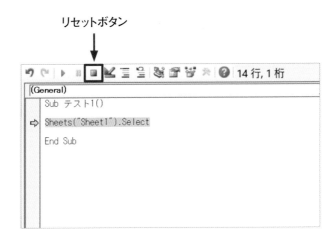

　もう一度起動ボタンを押し、エラーが出なければ修正は成功です！
「Sheet1」にボタンを設置していると、ボタンを押しても何も変化がないので、正しく動いているか不安になるかもしれません。エラーが出なければ正常に動いています。別のシートを追加し、そこでマクロを起動させれば「Sheet1」に移動すると確認できます。

マクロは「戻る」で戻れない！

　一般的にエクセルでは操作を間違ったとしても「戻る」ボタンを押して取り消せます。しかし、マクロを動かした後は、エクセルの「戻る」ボタンで取り消せません。

　ですからマクロを実行する前に、必ず保存する癖を付けてください。エクセル上もしくはマクロ作成画面上のどちらでも保存できます。万が一マクロがおかしな動きをしてしまったときは、エクセルファイルを保存せずに閉じましょう。そうすれば再度開いたときに実行前の状態に戻ります。

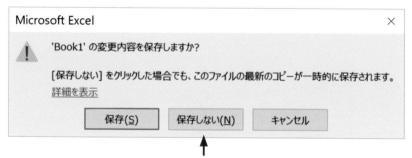

落ち着いて「保存しない」を押しましょう！

Chapter

2

シート・セル・行・列の操作は３ステップで

　ここからは実際にマクロを書き、その動きを確認しながら学んでいきましょう。

　ここではマクロの基本となる文字入力や削除、コピペなどのシートやセル、行、列の操作を学びます。

　手作業は３ステップに分解すればマクロにできます。

　このChapterでは、サンプルファイルを利用します。フォルダ「Chapter2」に必要なファイルが入っています（P.21参照）。

1 マクロを作るには 手作業を分解せよ

いよいよこれから本格的にマクロを書いていきます。はじめての方は何をどのように書けばいいのか全くわからない状態でしょう。そこでマクロを作成するときに、何をイメージするべきか説明します。

一番大事なのは、自分がエクセルを操作する動きを思い出し、それを分解することです。

エクセルをマウスで操作するときは、深く考えずにシートを選びセルに数字や関数を入れているはずです。同じことをマクロにやらせるには、それらの行動を分解する必要があります。

普段やっているエクセル作業を分解すると……

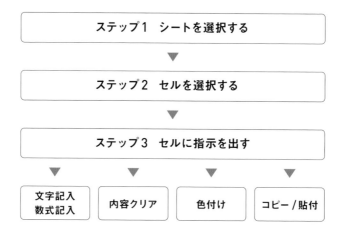

普段何気なくやっていることでも、このようなステップにわけられるはずです。そのうえで、どのシートを選ぶのか、どのセルを選ぶのか、どんな作業指示を出したいのかを順番にマクロにしていきます。抜け漏れなく分解できれば、現在手でやっている作業はほぼすべてマクロにや

らせることができます。

　マクロは基本的にこの通り動いていると理解しておいてください。

　それでは、実際にマクロを書いていきます。サンプルファイルを使いますので、ダウンロードしておいてください。注意点などはP.21を参照してください。

　完了したら「Chapter2」のフォルダを開きます。

　準備ができたら、次のページへ進んでください。

2 シートを選択する

まずは先ほどのステップの1番目「シートを選択する」を学びましょう。

ここでは「練習」という名前のシートを選択するマクロを作ります。サンプルファイル「2_シートの選択.xlsm」を開いてください。

マクロを使う
環境設定

セル・行・列操作
の3ステップ

変数を理解し
作業を減らす

条件分岐で
対応力アップ

メッセージで
使いやすく

繰り返し処理
で作業効率化

シートコピー
で手間が減る

悩んだら
マクロの記録

シーン別！
実践的活用法

簡単マクロで
もっと便利に

　シートの操作には「Sheets」という表現を使います。対象のシート名
を""（ダブルクォーテーション）と（ ）で囲みます。その後に「.Select」
を書くと選択できます。

Sheets("練習").Select

完成させて動かしてみよう
「シート選択」という名前を付け、マクロを書きましょう。

```
(General)
    Sub シート選択()
    Sheets("練習").Select
    End Sub
```

　シートに準備してあるボタンにマクロを登録してください。一度ファ
イルを保存してから、マクロを起動させてみてください。「練習」シー
トに移れば成功です！　起動する前にファイルを保存する癖は付けてく
ださいね。

エラーが出たらチェック！　よくある間違い
❶ Sheetsが複数形ではなくSheetになっている
❷ シート名が""（ダブルクォーテーション）で囲まれていない
❸ Selectの前に.（ピリオド）がない
❹ Selectの綴りが間違っている

3 セルを選択する
初級編

次に学ぶのは、ステップの2番目「セルを選択する」です。
まずは初級編。簡単なセル選択の方法です。

ステップ1　シートを選択する

▼

ステップ2　セルを選択する

▼

ステップ3　セルに指示を出す

▼　　　▼　　　▼　　　▼

文字記入 数式記入	内容クリア	色付け	コピー / 貼付

3-1 | セルを1つ選択する（1）

　セルを1つ選択するマクロを作成してみましょう。2つの書き方があります。両方とも非常に大事ですので必ず覚えてください。
　今回はセルE3を選択させましょう。

サンプルファイル「3_セル初級.xlsm」を開き、標準モジュールを挿入してください。

セルの選択には「Range」という表現を使います。対象のセルを""（ダブルクォーテーション）と（）で囲みます。

Range（"E3"）.Select

まずは先ほど学んだ「練習」シートを選ぶ命令を書き、その下にセルE3を選ぶ命令を書きます。上から順番に実行されるので「練習」シートを選んだ後にセルE3が選ばれます。

完成させて動かしてみよう

「セル選択1」という名前を付け、マクロを書きましょう。

```
(General)

  Sub セル選択1()

  Sheets("練習").Select
  Range("E3").Select

  End Sub
```

マクロをボタンに登録し、保存した後に押してみてください。「練習」シートのセルE3に移動していれば成功です！

エラーが出たらチェック！　よくある間違い

❶ Rangeの綴りが違う。特にRengeになっていることが多い

❷ E3が""（ダブルクォーテーション）で囲まれていない

❸ Selectの前に.（ピリオド）がない

❹ Selectの綴りが違う

マクロを使う 環境設定

セル行列操作の3ステップ

変数を理解し作業を減らす

条件分岐で対応力アップ

メッセージで使いやすく

繰り返し処理で作業効率化

シートコピーで手間が減る

悩んだらマクロの記録

シーン別！実践的活用法

簡単マクロでもっと便利に

　もう1つセルの選び方を学びます。Rangeは"E3"のように選びたいセルを直接的に記載するわかりやすい方法です。一方ここで学ぶ「Cells」の書き方は少しわかりにくいです。

　同じE3セルを選ぶには次のように書きます。

Cells (3, 5) . Select

　この (3, 5) の意味は「A1を (1, 1) として下に3、右に5進んだ場所」です。A1を含んでカウントします。

　RangeのE3は青矢印のように「右にEまで進んでから下に3進む」と表しています。一方Cellsは赤矢印のように「下に3進んでから右に5進む」という表し方をしています。そこで僕は「E3というセル表記とCellsは順番が逆だ」と覚えています。

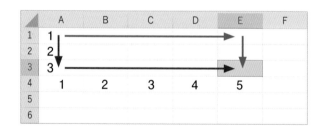

Cellsが必要な理由

「セルE3を選択するならば、Rangeは"E3"と直接書けるのでCellsに比べると圧倒的に簡単。Rangeだけ知っておけばよいのではないか？」と思われた方もいるかもしれません。僕も最初はRangeだけで十分と思っていました。

　しかし、やりたいことが増えると、マクロが少し複雑になります。例えば「最初の処理はあるセルで行い、次の処理はその2つ隣のセルで。

マクロを使う環境設定

セル行列操作の3ステップ

変数を理解し作業を減らす

条件分岐で対応力アップ

メッセージで使いやすく

繰り返し処理で作業効率化

シートコピーで手間が減る

悩んだらマクロの記録

シーン別！実践的活用法

簡単マクロでもっと便利に

その次はさらに2つ隣のセル……」という作業を考えてみましょう。

　Rangeを使うと「はじめの処理はA3で、次の処理はC3……」とマクロ上で直接セルを指定しなければいけません。100回処理させようとすると、セルを100回指定する必要があります。一方Cellsを使うと、これを圧倒的に効率化できます。

　少し先で紹介しますが、このケースでは「Cells（3, i）.Select」のようにiという文字を使います。そして「はじめにiに1を入れ、1回処理が終わるたびにiを＋2する」としておけば、何度もセルを指定する必要がありません。このようにCellsを使った方がよいこともあると覚えておきましょう。

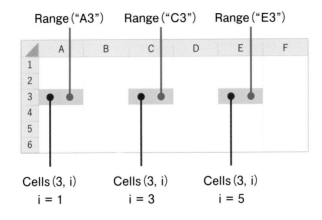

完成させて動かしてみよう

「セル選択2」という名前を付け、先ほど作ったマクロに続けて書きましょう。

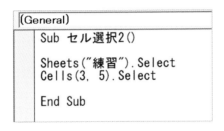

マクロを登録し、保存した後に押してみてください。「練習」シート
のE3セルに移動すれば成功です！

エラーが出たらチェック！　よくある間違い
❶ Cellsが複数形ではなく Cellになっている
❷ Selectの前に．（ピリオド）がない
❸ Selectの綴りが間違っている

3-3　セルを範囲選択する

　ここからは、複数のセルを選択するマクロを学びます。
　まずは複数のセルをひとかたまりで選択する方法です。
「練習」シートの「B3からE5」の範囲を選択するマクロを作成してみま
しょう。

　マクロは次のように書きます。

Range（"B3：E5"）．Select

完成させて動かしてみよう
「セル範囲1」という名前を付け、先ほどのマクロに続けて書きましょ
う。

マクロを使う／環境設定

セル・行・列操作の3ステップ

変数を理解し作業を減らす

条件分岐で対応力アップ

メッセージで使いやすく

繰り返し処理で作業効率化

シートコピーで手間が減る

悩んだらマクロの記録

シーン別！実践的活用法

簡単マクロでもっと便利に

```
(General)
    Sub セル範囲1()

    Sheets("練習").Select
    Range("B3:E5").Select

    End Sub
```

　ボタンにマクロを登録し、保存した後に押してみてください。「練習」シートの「B3からE5」の範囲を選択していれば成功です！

エラーが出たらチェック！　よくある間違い
❶ SelectやRangeの綴りが間違っている
❷ B3:E5が""（ダブルクォーテーション）で囲まれていない
❸ ：（コロン）が；（セミコロン）になっている
❹ Selectの前に．（ピリオド）がない

3-4　複数のセルをバラバラに選択する

　次はいくつかのセルをひとつひとつ選択する方法を学びます。
　「練習」シートのセルB3とE5を同時に選択するマクロを作成してみましょう。

マクロは次のように書きます。範囲選択との違いは、コロン（:）がコンマ（,）になる部分だけです。

Range（"B3,E5"）.Select

完成させて動かしてみよう
「セル範囲2」という名前を付け、先ほどのマクロに続けて書きましょう。

```
(General)
Sub セル範囲2()

Sheets("練習").Select
Range("B3,E5").Select

End Sub
```

　ボタンにマクロを登録し、保存した後に押してみてください。「練習」シートのセルB3とE5を同時に選択していれば成功です！

エラーが出たらチェック！　よくある間違い
❶ Select、Rangeの綴りが間違っている
❷ B3,E5が""（ダブルクォーテーション）で囲まれていない
❸ ,（コンマ）が.（ピリオド）になっている
❹ Selectの前に.（ピリオド）がない

3-5 シート上の全セルを選択する

　次に全セルを選択するマクロを学びます。全セル選択とは、エクセルシートの左上を押して全部のセルを選ぶ動きのことです。

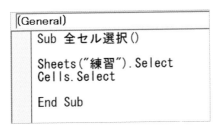

ここを押す→
動き

	A	B	C	D	E	F
1						
2						
3						
4						
5						

　全セル選択は別ファイルからデータを持ってくる場合によく使います。全セルの内容をクリアして前回処理分のデータを消しておけば、ダブり入力などのミスを減らせます。

　全セル選択は次のように書きます。

Cells.Select

完成させて動かしてみよう

「全セル選択」という名前を付け、マクロを書きましょう。

```
(General)

  Sub 全セル選択()

    Sheets("練習").Select
    Cells.Select

  End Sub
```

　ボタンにマクロを登録し、保存した後に押してみてください。「練習」シートの全セルを選択していれば成功です！

エラーが出たらチェック！　よくある間違い

❶ Cellsが複数形ではなく、Cellになっている

❷ Selectの前に.（ピリオド）がない

❸ Selectの綴りが間違っている

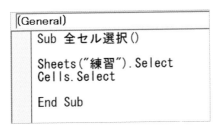

マクロを使う環境設定

セル・行・列操作の3ステップ

変数を理解し作業を減らす

条件分岐で対応力アップ

メッセージで使いやすく

繰り返し処理で作業効率化

シートコピーで手間が減る

悩んだらマクロの記録

シーン別！実践的活用法

簡単マクロをもっと便利に

4 セルを選択する
上級編

続いては「セルを選択する」上級編です。

初級編に比べてやや複雑なマクロを学びます。

4-1 相対参照でセルを選択する

まずは相対参照でセルを選択するマクロを学びます。これは「A1から1つ右のセル」のように、基準となるセルを定め、それを元に他のセルを表すことです。

ファイル「4-1_セル上級_相対.xlsm」を開いてください。今回は「練習」シートのセルE3を基準とします。そこから「下に2、右に5」動いたセルJ5を選択してみましょう。

マクロを使う 環境設定

セル 行 列 操作 の3ステップ

変数を理解し 作業を減らす

条件分岐で 対応力アップ

メッセージで 使いやすく

繰り返し処理 で作業効率化

シートコピー で手間が減る

悩んだら マクロの記録

シーン別! 実践的活用法

簡単マクロで もっと便利に

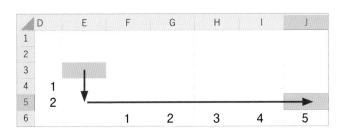

この場合は「Offset」を用います。

Range("E3").Offset(2, 5).Select

Offset(2, 5)の2と5という数字は、Cellsと似た意味合いです。まずは下、次に右に進みます。ただしCellsは出発セルを含めてカウントしますが、Offsetは出発セルを含めずにカウントするので注意してください。

Offset(2, 5)の数字は下と右に動かす場合が正の数です。「上に2、左に5」動かしたい場合は負の数にしてOffset(-2, -5)と書きます。

完成させて動かしてみよう

「相対」という名前を付け、マクロを書きましょう。

```
(General)
    Sub 相対()

    Sheets("練習").Select
    Range("E3").Offset(2, 5).Select

    End Sub
```

ボタンにマクロを登録し、保存した後に押してみてください。「練習」シートのセルJ5を選択していれば成功です！

エラーが出たらチェック！　よくある間違い

❶ Range や Select、Offset の綴りが間違っている

❷ Offset や Select の前に．（ピリオド）がない

❸ Offset の2と5の数字が逆になっている（G8が選択される）

4-2　終端セルを選択する

　ここでは終端セルを選択する方法を学んでいきます。終端セルとは、あるデータの端（データの切れ目）のセルを指します。例えば次のようなデータがあったとしましょう。セルA1からH10までの一部に空白があります。このデータの終端セルはどこでしょうか？

	A	B	C	D	E	F	G	H	I
1	テスト	テスト	テスト	テスト	テスト	テスト	テスト	テスト	
2	テスト	テスト	テスト	テスト	テスト	テスト	テスト	テスト	
3	テスト	テスト	テスト	テスト	テスト	テスト	テスト	テスト	
4	テスト	テスト	テスト	テスト	テスト	テスト	テスト	テスト	
5	テスト	テスト					テスト	テスト	
6	テスト	テスト					テスト	テスト	
7	テスト	テスト					テスト	テスト	
8	テスト	テスト	テスト	テスト	テスト	テスト	テスト	テスト	
9	テスト	テスト	テスト	テスト			テスト	テスト	
10	テスト	テスト	テスト	テスト			テスト	テスト	
11									

　終端セルはデータが入っている部分と入っていない部分の切れ目部分なので、次のように考えます。

❶ A1から下に見ていった終端セルはA10

❷ C1から下に見ていった終端セルはC4

❸ B11から上に見ていった終端セルはB10

❹ E11から上に見ていった終端セルはE8

	A	B	C	D	E	F	G	H	I
1	テスト	テスト	テスト	テスト	テスト	テスト	テスト	テスト	
2	テスト	テスト	テスト	テスト	テスト	テスト	テスト	テスト	
3	テスト	テスト	テスト	テスト	テスト	テスト	テスト	テスト	
4	テスト	テスト	テスト	テスト	テスト	テスト	テスト	テスト	
5	テスト	テスト					テスト	テスト	
6	テスト	テスト					テスト	テスト	
7	テスト	テスト					テスト	テスト	
8	テスト	テスト	テスト	テスト	テスト	テスト	テスト	テスト	
9	テスト	テスト	テスト	テスト			テスト	テスト	
10	テスト	テスト	テスト	テスト			テスト	テスト	
11									

終端セル選択マクロを使う場面

「終端セルはどうやって使うのか？」と疑問を持った方もいるのではないでしょうか。確かに使いどころがイメージしづらいかもしれません。

　終端セルを最も使うのは、データの末尾行のセルにカーソルを合わせたいケースです。「Rangeを使ってセルを指定したいが、処理すべきデータの行数が毎回変わるので指定できない」場合に有効です。

	A	B	C
1	運動会参加者リスト	種目：短距離走	
2			
3	No.	名前	所属
4	1	田中	第一営業部
5	2	鈴木	第二営業部
6	3	高橋	第二営業部
7	4	佐藤	第三営業部
8	5	山田	第一営業部
9	6	井上	第二営業部

	A	B	C
1	運動会参加者リスト	種目：長距離走	
2			
3	No.	名前	所属
4	1	田中	第一営業部
5	2	鈴木	第二営業部
6	3	高橋	第二営業部
7	4	佐藤	第三営業部

リストの長さが変わっても
必ず最後の行のセルが指定できる

終端セル選択マクロの書き方

　では、終端セルを選択するマクロを書いてみましょう。

　データに混ざっている空白に注意する必要があります。データの上か

ら下に向けて終端セルを見つけ出そうとすると、空白の手前を終端セルと認識してしまいます。終端セルを示した先ほどの図のC列を見てください。上から終端を探させるとセルC4を選択してしまうことになります。本当に選択したいのはセルC10です。

そこで必ずデータが埋まっていると確信できる列 (データの一番左にある通し番号を入れる列など) を選んで下から上にデータの切れ目を探すと、ミスが起こりにくくなります。

ここではB列のデータが10万行を超えないと想定してマクロを書きます。サンプルファイル「4-2,4-3_セル上級_終端&組み合わせ.xlsm」を開いてください。「練習」シートでセルB10を選択しましょう。

	A	B	C	D	E	F	G	H	I
1	テスト	テスト	テスト	テスト	テスト	テスト	テスト	テスト	
2	テスト	テスト	テスト	テスト	テスト	テスト	テスト	テスト	
3	テスト	テスト	テスト	テスト	テスト	テスト	テスト	テスト	
4	テスト	テスト	テスト	テスト	テスト	テスト	テスト	テスト	
5	テスト	テスト	テスト	テスト	テスト	テスト	テスト	テスト	
6	テスト	テスト	テスト	テスト	テスト	テスト	テスト	テスト	
7	テスト	テスト	テスト	テスト	テスト	テスト	テスト	テスト	
8	テスト	テスト	テスト	テスト	テスト	テスト	テスト	テスト	
9	テスト	テスト	テスト	テスト	テスト	テスト	テスト	テスト	
10	テスト	テスト	テスト	テスト	テスト	テスト	テスト	テスト	
11									

次のように書きます。

```
Range ("B100000") . End (xlUp) . Select
```

まずRange ("B100000") でセルB100000を選択します。そこからEnd (xlUp) によって上がっていき、はじめてデータが入っているセルを選択するという動きです。

マクロを使う／環境設定

セル・行・列操作の3ステップ

変数を理解し作業を減らす

条件分岐で対応力アップ

メッセージで使いやすく

繰り返し処理で作業効率化

シートコピーで手間が減る

悩んだらマクロの記録

シーン別！実践的活用法

簡単マクロでもっと便利に

完成させて動かしてみよう

「終端」という名前を付け、マクロを書きましょう。

```
(General)
    Sub 終端()

    Sheets("練習").Select
    Range("B100000").End(xlUp).Select

    End Sub
```

　ボタンにマクロを登録し、保存した後に押してみてください。「練習」シートのセルB10を選択していれば成功です！

エラーが出たらチェック！　よくある間違い

❶ RangeやSelectの綴りが間違っている

❷ B100000が""（ダブルクォーテーション）で囲まれていない

❸ EndやSelectの前に．（ピリオド）がない

❹ End(xlUp)の綴りが間違っている（xの後は小文字のl〔エル〕です）

応用編

　ここではあるセルから上へと探していくEnd(xlUp)を使いました。このマクロはEndの後の（ ）の中を変えれば、上下左右どの方向へも探すことができます。

End(xlUp)：上へ見ていったときの切れ目
End(xlDown)：下へ見ていったときの切れ目
End(xlToRight)：右へ見ていったときの切れ目
End(xlToLeft)：左へ見ていったときの切れ目

ここまで学んだ相対参照と終端セルを組み合わせて利用してみましょう。

先ほど使った「練習」シートのB列に新しい列を挿入してください。図のように空白列が入ります。このときにB列の中で、隣の列にデータが入っている一番下のセル（ここではB10）を選びたいとします。

先ほどのようにB100000から上へ向かって探すと、B列にはデータがなくセルB10では止まってくれないと想像できます。

	A	B	C	D	E	F	G	H
1	テスト		テスト	テスト	テスト	テスト	テスト	テスト
2	テスト		テスト	テスト	テスト	テスト	テスト	テスト
3	テスト		テスト	テスト	テスト	テスト	テスト	テスト
4	テスト		テスト	テスト	テスト	テスト	テスト	テスト
5	テスト		テスト	テスト	テスト	テスト	テスト	テスト
6	テスト		テスト	テスト	テスト	テスト	テスト	テスト
7	テスト		テスト	テスト	テスト	テスト	テスト	テスト
8	テスト		テスト	テスト	テスト	テスト	テスト	テスト
9	テスト		テスト	テスト	テスト	テスト	テスト	テスト
10	テスト		テスト	テスト	テスト	テスト	テスト	テスト

終端セル＋相対参照マクロを使う場面

「なぜこのセルを選ばないといけないのか？」について説明します。

エクセルで「B列に新しい列を挿入して、セルB1にIF関数やVLOOKUP関数を入れ、そのセルをデータの一番下までドラッグで引っ張ってコピーする……」という操作をしていませんか？

そのときどこまでドラッグすればよいか、手作業なら目で見て確認することができます。しかし、同じことをマクロにやらせるには「どこまで」を指定する必要があります。そこで今回のマクロを使うのです。

終端セル＋相対参照マクロの作り方

終端セルと相対参照を組み合わせてセルB10を選択しましょう。

A列のデータが10万行を超えないと想定してマクロを書くと、次のようになります。

Range（"A100000"）.End（xlUp）.Offset（0，1）.Select

まずRange（"A100000"）でA100000を選択します。そこからEnd（xlUp）で上へ探していき、はじめにデータが入っているセルA10を選択させます。最後にOffsetを利用して、選択するセルを「下に0、右に1」動かしています。

完成させて動かしてみよう

「終端相対」という名前を付け、マクロを書きましょう。

```
(General)

    Sub 終端相対()

    Sheets("練習").Select
    Range("A100000").End(xlUp).Offset(0, 1).Select

    End Sub
```

　ボタンにマクロを登録し、保存した後に押してみてください。「練習」シートのセルB10が選択されていれば成功です！

エラーが出たらチェック！　よくある間違い

❶ Range や Select、Offset の綴りが間違っている

❷ A100000が""（ダブルクォーテーション）で囲まれていない

❸ End や Offset、Select の前に．（ピリオド）がない

❹ End(xlUp) の綴りが間違っている（xの後は小文字のl〔エル〕です）

4-4　今選択されているセルをSelectionとして扱う

　セル選択の上級編も残り2つになりました。ここでは「Selection」について学びます。「その時点で選択されているセル」を表す命令です。

　これは先ほどの終端セル＋相対参照で見つけたセルへ文字や数式を入れるといった、追加の命令をしたい場合などに使います。データの数によってセルの位置が変わるので、マクロを作った段階では直接指定ができません。そのためRangeで対応できないのでSelectionを使います。

Selectionのマクロ

　今回はセルB3を選択しSelectionと表してみます。さらにそれをOffsetで相対参照しましょう。

マクロを使う
環境設定

セル行列操作
の3ステップ

変数を理解し
作業を減らす

条件分岐で
対応力アップ

メッセージで
使いやすく

繰り返し処理
で作業効率化

シートコピー
で手間が減る

悩んだら
マクロの記録

シーン別！
実践的活用法

簡単マクロで
もっと便利に

　サンプルファイル「4-4,4-5_セル上級_セレクション.xlsm」を使います。「練習」シートのセルB3から2回「下に2、右に3」動いてセルH7を選択します。

　マクロは次のように書きます。

```
Range("B3").Select
Selection.Offset(2, 3).Select
Selection.Offset(2, 3).Select
```

Selectionの動き方

　まず「Range("B3").Select」でセルB3を選んでいます。このとき2行目のSelectionが指しているのはセルB3です。

　2行目にある1つ目の「Selection.Offset(2, 3).Select」はセルB3から「下に2、右に3」動かしたところを選択する指示です。このとき選択されるセルはE5になります。

　3行目の「Selection.Offset(2, 3).Select」でSelectionが示しているのはセルE5です。つまりこの行はセルE5から「下に2、右に3」動かしたところを選択させる指示になります。よって最後に選択されるセルはH7です。

　このようにSelectionは様々なセルを示せる柔軟性があります。

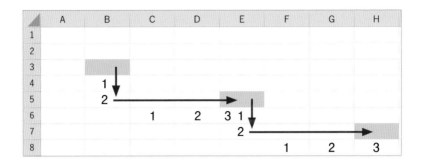

完成させて動かしてみよう

「セレクション」という名前を付け、マクロを書きましょう。

```
(General)

Sub セレクション()

Sheets("練習").Select
Range("B3").Select
Selection.Offset(2, 3).Select
Selection.Offset(2, 3).Select

End Sub
```

　ボタンにマクロを登録し、保存した後に押してみてください。「練習」シートのセルH7が選択されていれば成功です！

エラーが出たらチェック！　よくある間違い

❶ Range、Select、Offset、Selectionの綴りが間違っている

❷ B3が""（ダブルクォーテーション）で囲まれていない

❸ OffsetやSelectの前に.（ピリオド）がない

Selectionを使う場面

「どうしてSelectionで選択するセルを変化させるのか？」という疑問がまだあるかと思います。これは次の項目4-5と合わせると理解が進むので、そちらでさらに説明します。

マクロを使う
環境設定

セル・行・列操作
の３ステップ

変数を理解し
作業を減らす

条件分岐で
対応力アップ

メッセージで
使いやすく

繰り返し処理
で作業効率化

シートコピー
で手間が減る

悩んだら
マクロの記録

シーン別！
実践的活用法

簡単マクロで
もっと便利に

4-5 | RangeとSelectionを組み合わせて範囲選択

　上級編も最後になりました。次はRangeの中にSelectionやOffsetを組み込んで範囲選択する方法を学んでいきます。

　引き続きサンプルファイル「4-4,4-5_セル上級_セレクション.xlsm」を使います。「練習」シートでまずセルB3を選び、Selectionとします。そこから「右に４つ」移動したセルとの間をすべて選択しましょう。

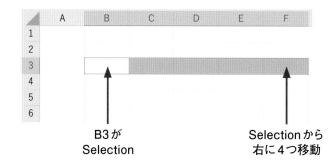

B3が
Selection

Selectionから
右に４つ移動

　このマクロは次のように書きます。

```
Range ("B3") . Select
Range (Selection, Selection.Offset (0, 4)) . Select
```

　一見複雑そうに見えますがRange (△ , □) の△と□の部分に

△：Selection

□：Selection . Offset (0, 4)

　が入っている構造です。

　先ほど、セルを範囲選択する場合は「Range ("B3:E5") . Select」のように：（コロン）を使うと学びました。

　しかし、Rangeの中にSelectionや「Selection.Offset (0, 4)」のように直接セルや行、列を指定しない表現を組み込んで範囲選択する場合は，（コンマ）を利用しなければいけません。ややこしいですがこれは

覚えておいてください。

完成させて動かしてみよう
「セレクション2」という名前を付け、マクロを書きましょう。

```
(General)
Sub セレクション2()

Sheets("練習").Select
Range("B3").Select
Range(Selection, Selection.Offset(0, 4)).Select

End Sub
```

　ボタンにマクロを登録し、保存した後に押してみてください。「練習」
シートのセル「B3からF3まで」の範囲が選択されていれば成功です！

エラーが出たらチェック！　よくある間違い
❶ Range、Select、Offset、Selectionの綴りが間違っている
❷ B3が""（ダブルクォーテーション）で囲まれていない
❸ OffsetやSelectの前に.（ピリオド）がない
❹ Selectionの前の,（コンマ）が.（ピリオド）や:（コロン）になって
　いる

RangeとSelectionを組み合わせて使う場面

　最後に「なぜRangeとSelectionを組み合わせてセルを選択するのか？」という疑問を解説します。

　例えば、次のように営業1課から営業2課までの商品別売上実績があるとしましょう。

	A	B	C	D	E
1		商品名	売上	販売数量	予定比
2	営業1課	商品A	1,000,000	1,000	105%
3		商品B	750,000	500	101%
4		商品C	1,200,000	900	95%
5	営業2課	商品A	980,000	980	103%
6		商品B	1,500,000	1,000	110%
7		商品C	800,000	600	90%

　この中から営業1課部分をコピーして別のシートに貼り付け、次に営業2課部分をコピーして別のシートに貼り付ける作業を繰り返すとします。

　まず営業1課をコピーする場合を考えます。セルA2を選びそこをSelectionとします。選択するのはA2からE4、下図の赤枠の範囲です。E4はA2から「下に2、右に4」動かしたセルと考えられます。これをSelectionとOffsetを使って表すと「SelectionからSelection.Offset（2、4）までの範囲」となります。

	A	B	C	D	E
1		商品名	売上	販売数量	予定比
2	営業1課	商品A	1,000,000	1,000	105%
3		商品B	750,000	500	101%
4		商品C	1,200,000	900	95%
5	営業2課	商品A	980,000	980	103%
6		商品B	1,500,000	1,000	110%
7		商品C	800,000	600	90%

マクロを使う環境設定

セル・行・列操作の3ステップ

変数を理解し作業を減らす

条件分岐で対応力アップ

メッセージで使いやすく

繰り返し処理で作業効率化

シートコピーで手間が減る

悩んだらマクロの記録

シーン別！実践的活用法

簡単マクロでもっと便利に

次に営業2課をコピーする場合を考えます。セルA5を選びそこを
Selectionとします。選択の範囲はA5からE7です。E7はA5から「下に
2、右に4」動かしたセルと考えられます。これをSelectionやOffsetを
使って表すと「SelectionからSelection.Offset(2，4)までの範囲」となり
ます。

	A	B	C	D	E
1		商品名	売上	販売数量	予定比
2	営業1課	商品A	1,000,000	1,000	105%
3		商品B	750,000	500	101%
4		商品C	1,200,000	900	95%
5	営業2課	商品A	980,000	980	103%
6		商品B	1,500,000	1,000	110%
7		商品C	800,000	600	90%

　この2つを比べると、どちらも「SelectionからSelection.Offset(2，4)
までの範囲」と表すことができます。
　このように、基点(Selectionのセル)は変わっても、そこから見た選
択したいセルの範囲は変わらないことがあります。Selectionを使った
範囲選択マクロを利用すると、営業部がいくつあっても同じ表現を使え、
マクロを非常に短くすることができます。

マクロを使う
環境設定

セル行列操作
の3ステップ

変数を理解し
作業を減らす

条件分岐で
対応力アップ

メッセージで
使いやすく

繰り返し処理
で作業効率化

シートコピー
で手間が減る

悩んだら
マクロの記録

シーン別！
実践的活用法

簡単マクロで
もっと便利に

5 セルに指示を出す

　次に学ぶのはステップの3番目「セルに指示を出す」です。セルの中に文字を入れたり、文字を消したり、コピーや貼り付けをしたりするマクロを学んでいきます。

5-1 セルに文字を入力する

　ここではセルに文字を入力するマクロを学びます。

　まずRangeでセルを指定します。その後「Value」を利用し＝（イコール）の後に、記載したい文字列を""（ダブルクォーテーション）で囲って入力します。数字を入れる場合にはダブルクォーテーションは不要です。

　サンプルファイル「5-1,5-2_セル命令_入力＆クリア.xlsm」を使います。「練習」シートのセルB3に「あいうえお」と入力してみましょう。

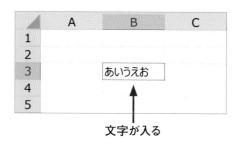

文字が入る

　マクロは次のように書きます。

Range("B3").Value = "あいうえお"
　もしくは
Range("B3") = "あいうえお"

　実はValueは省略できます（このときはValueが付けられたものと判断されています）。僕は少しでも効率を上げるため一切書いていません。

　文字ではなく数字を入れる場合には""（ダブルクォーテーション）は不要です。

Range("B3") = 123

完成させて動かしてみよう
「文字入力」という名前を付け、マクロを書きましょう。練習のためValueを利用して記載してみましょう。

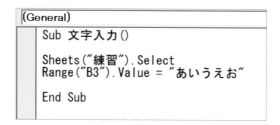

マクロを使う
環境設定

セル・行・列操作
の3ステップ

変数を理解し
作業を減らす

条件分岐で
対応力アップ

メッセージで
使いやすく

繰り返し処理
で作業効率化

シートコピー
で手間が減る

悩んだら
マクロの記録

シーン別！
実践的活用法

簡単マクロで
もっと便利に

　ボタンにマクロを登録し、保存した後に押してみてください。「練習」シートのセルB3に「あいうえお」と入っていれば成功です！

エラーが出たらチェック！　よくある間違い

❶ RangeやSelect、Valueの綴りが間違っている
❷ 文字列やB3が""（ダブルクォーテーション）で囲まれていない
❸ SelectやValueの前に．（ピリオド）がない

5-2 ｜ セルの内容をクリアする

　次はセルの内容をクリアするマクロを学びます。
　Rangeでセルを指定し「ClearContents」を利用します。
　これは「セルの中をクリアする」だけのものです。「セルを削除してつめる」ではありませんので注意してください。
　先ほどセルB3に入力した文字を消してみましょう。

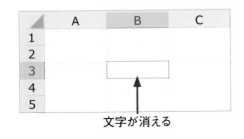

文字が消える

　マクロは次のように書きます。

```
Range("B3").ClearContents
```

完成させて動かしてみよう

「文字クリア」という名前を付け、先ほどのマクロに続けて書きましょう。

```
(General)
    Sub 文字クリア()

    Sheets("練習").Select
    Range("B3").ClearContents

    End Sub
```

　ボタンにマクロを登録し、保存した後に押してみてください。「練習」シートのセルB3から文字が消えれば成功です！

エラーが出たらチェック！　よくある間違い

❶ RangeやSelect、ClearContentsの綴りが間違っている

❷ B3が""（ダブルクォーテーション）で囲まれていない

❸ SelectやClearContentsの前に．（ピリオド）がない

ClearContentsを使う場面

　ClearContentsは作業の前に、シートをデータのない状態にするために使うことが多いです。テンプレートにデータを流し込む前に、前回処理した分を消しておけばミスを減らすことができます。

　このときは、全セル指定と組み合わせて次のように書きます。ClearContentsを使うと、罫線や色などのデザインは変えないまま、セルの中身だけを消すことができて便利です。

Cells.ClearContents

　セルの書式まですべて削除したい場合は、全セル指定と削除「Delete」を組み合わせて次のように書きます。これを使うと、セル自体が消え左

マクロを使う環境設定

セル行列操作の3ステップ

変数を理解し作業を減らす

条件分岐で対応力アップ

メッセージで使いやすく

繰り返し処理で作業効率化

シートコピーで手間が減る

悩んだらマクロの記録

シーン別！実践的活用法

簡単マクロでもっと便利に

詰めされます。罫線などがすべて削除され、全くの白紙になります。注意してご利用ください。

Cells.Delete

少し話がそれますが、全セルをクリアするマクロを書こうとして「Cells.Select.ClearContents」と書いた受講者さんがいらっしゃいました。これは、エラーになります。マクロは対象と動詞が「対象.動詞」と1対1となる作りをしています。そのためSelect（選ぶ）とClearContents（クリアする）という動詞を並べることはできません。

5-3 | セルに数式を入力する

次はセルに数式（四則演算や関数）を入れるマクロを学びます。

Rangeでセルを指定した後「Formula」を利用します。＝（イコール）の後に入力したい数式を""（ダブルクォーテーション）で囲って書きます。

サンプルファイル「5-3_セル命令_数式.xlsm」を使います。今回は「練習」シートのセルB7にSUM関数を入れてみましょう。セル「B1からB5」の数字を合計させ、その結果をセルB7に出します。

	A	B
1		10
2		3
3		5
4		100
5		63
6		
7		181

マクロは次のように書きます。""（ダブルクォーテーション）の中に、

数式の最初に付けるイコールごと入れてしまうのがポイントです。

　マクロを書く前にエクセルシートに数式を入力して正しい動きをするか確認するのも大切です。それをコピーして""の中に貼り付ければ、入力ミスを減らすことができます。

Range("B7").Formula = "=Sum(B1:B5)"

完成させて動かしてみよう

「数式入力1」という名前を付け、マクロを書きましょう。

```
(General)
Sub 数式入力1()

Sheets("練習").Select
Range("B7").Formula = "=Sum(B1:B5)"

End Sub
```

　ボタンにマクロを登録し、保存した後に押してみてください。「練習」シートのセルB7に数式が入り、セル「B1からB5」の数字の合計が出れば成功です！

エラーが出たらチェック！　よくある間違い

❶ RangeやSelect、Formulaの綴りが間違っている

❷ B7が""（ダブルクォーテーション）で囲まれていない

❸ 数式が""（ダブルクォーテーション）で囲まれていない

❹ 数式に＝（イコール）がない

❺ SelectやFormulaの前に．（ピリオド）がない

数式内で""を使う方法

　Formulaを使えば、セルに数式を入れるケースにほぼ対処できます。

例外は数式の中に""で囲まれた文字列が入っている場合です。そのままだと""が混在するためエラーが出てしまいます。

そのときは数式側の""を""""（二重ダブルクォーテーション）に変更します。

例題としてA1が1であればA4に「○」そうでなければA4に「×」と出てくるIF関数をマクロで入力しましょう。

エクセルであれば今回のIF関数は「=If(A1=1," ○"," ×")」となるところです。

マクロで書くときには次のようになります。二重ダブルクォーテーションに注目してください。

Range("A4").Formula ="=If(A1=1,""○"",""×"")"

完成させて動かしてみよう

マクロ名は「数式入力2」にし、書いてみましょう。

```
(General)
    Sub 数式入力2()

    Sheets("練習").Select
    Range("A4").Formula = "=If(A1=1, ""○"", ""×"")"

    End Sub
```

ボタンにマクロを登録し、保存した後に押してみてください。「練習」シートのセルA4に数式が入り、○もしくは×が出れば成功です！

マクロを使う環境設定

セル・行・列操作の3ステップ

変数を理解し作業を減らす

条件分岐で対応力アップ

メッセージで使いやすく

繰り返し処理で作業効率化

シートコピーで手間が減る

悩んだらマクロの記録

シーン別！実践的活用法

簡単マクロでもっと便利に

5-4 | セルの内容をコピーする

　次にセルの内容をコピーする方法を学びます。Rangeでセルを指定して「Copy」を使います（ここではコピーするだけです。貼り付けは次の項目で学びます）。

　「罫線」「セルの色」「文字色」が設定されているセルをコピーして、貼り付けたときの違いを実際に確認します。サンプルファイル「5-4,5-5_セル命令_コピー＆ペースト.xlsm」を使い「練習」シートのセルB5をコピーします。ペーストはしないので、セルが点線のグルグルで囲われた状態になります。

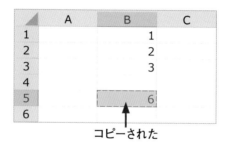

コピーされた

　マクロは次のように書きます。

Range（"B5"）.Copy

完成させて動かしてみよう

　「コピー」という名前を付け、マクロを書きましょう。

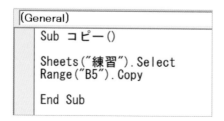

078

マクロを使う
環境設定

セル・行・列操作
の3ステップ

変数を理解し
作業を減らす

条件分岐で
対応力アップ

メッセージで
使いやすく

繰り返し処理
で作業効率化

シートコピー
で手間が減る

悩んだら
マクロの記録

シーン別！
実践的活用法

簡単マクロで
もっと便利に

　ボタンにマクロを登録し、保存した後に押してみてください。「練習」
シートのセルB5がコピーされた状態（点線で囲まれているような状態）
になれば成功です！

エラーが出たらチェック！　よくある間違い
❶ RangeやSelect、Copyの綴りが間違っている
❷ B5が""（ダブルクォーテーション）で囲まれていない
❸ SelectやCopyの前に．（ピリオド）がない

5-5 ┃ コピーした内容を貼り付ける

　ここからはコピーした内容を貼り付ける方法を学びます。今回は同じ
「練習」シートに貼り付けます。確認ですが、今コピーされているセル
の内容は「=SUM(B1:B3)」です。

　貼り付けは全部で4種類あります。
　セルE5に値貼り付け、セルE7に数式貼り付け、セルE9に書式貼り
付け、セルE11に全貼り付けします。それぞれの貼り付け方を明確に指
示する必要があります。
　難しくはありませんから、1つずつ見ていきましょう。

　マクロは次のように書きます。

まずRangeで貼り付け先のセルを指定します。

貼り付けには「PasteSpecial」を使います。直訳すると特別な貼り付けという意味です。

その後ろに半角スペースを１つ空けて、貼り付け方を指定します。

値貼り付け

数式が消えて計算結果の６という値だけが貼り付きます。罫線やセルの色、フォントなどの書式は貼り付きません。

Range（"E5"）.PasteSpecial Paste：＝xlValues

値	6

：（コロン）を；（セミコロン）と間違えないよう注意してください。「Values」の最後のsが抜けたり「PasteSpecial」と「Paste：＝xlValues」との間のスペースが抜けたりするのもよくある間違いです。また、xlの２文字目は小文字のエルです。縦棒ではないので注意してください。

数式貼り付け

元の数式だけが貼り付きます。その数式で計算対象になっていたセルは、コピーで貼り付け先を動かした分だけずれます。エクセルで数式を貼り付けるときと変わりませんね。また、罫線やセルの色、フォントなどの書式は貼り付きません。

Range（"E7"）.PasteSpecial Paste：＝xlFormulas

数式	=SUM(E3:E5)

マクロを使う
環境設定

セル・行・列操作
の3ステップ

変数を理解し
作業を減らす

条件分岐で
対応力アップ

メッセージで
使いやすく

繰り返し処理
で作業効率化

シートコピー
で手間が減る

悩んだら
マクロの記録

シーン別!
実践的活用法

簡単マクロで
もっと便利に

書式貼り付け

　元のセルの書式だけが貼り付きます。コピー先のセル内には数字も関数も入っていない状態となります。罫線やセルの色、フォントなどが元のセル通りに貼り付きます。

Range("E9").PasteSpecial Paste:=xlFormats

書式

全貼り付け

　元のセルの内容や書式がすべて貼り付きます。コピー先のセルの中は数式です。計算対象になっていたセルは、コピーで貼り付け先を動かした分だけずれます。また、罫線やセルの色、フォントや文字色などの書式も元のセルのまま貼り付きます。

Range("E11").PasteSpecial Paste:=xlAll

すべて　　　=SUM(E7:E9)

完成させて動かしてみよう

　それではマクロを書きましょう。

　今回は4パターンあるので、マクロ名はそれぞれ「値貼り付け」「数式貼り付け」「書式貼り付け」「全貼り付け」にしてください。1つ貼り付けのマクロを作ってしまえば、残りはコピーして微修正で対応できます。

　それぞれのマクロの間を1行空けておくと見やすくなります。

```
(General)

Sub 値貼り付け()

Sheets("練習").Select
Range("B5").Copy
Range("E5").PasteSpecial Paste:=xlValues

End Sub

Sub 数式貼り付け()

Sheets("練習").Select
Range("B5").Copy
Range("E7").PasteSpecial Paste:=xlFormulas

End Sub

Sub 書式貼り付け()

Sheets("練習").Select
Range("B5").Copy
Range("E9").PasteSpecial Paste:=xlFormats

End Sub

Sub 全貼り付け()

Sheets("練習").Select
Range("B5").Copy
Range("E11").PasteSpecial Paste:=xlAll

End Sub
```

　それぞれのボタンにマクロを登録し、保存した後に押してみてください。「練習」シートのセルE5、E7、E9、E11にそれぞれの形式で貼り付けられれば成功です！

エラーが出たらチェック！　よくある間違い

❶ Range、Copy、PasteSpecial、Paste の綴りが間違っている

❷ セルが""（ダブルクォーテーション）で囲まれていない

❸ Select や Copy、PasteSpecial の前に .（ピリオド）がない

❹ Values や Formulas、Formats で最後のsが抜けている

❺ :（コロン）が ;（セミコロン）になっている

マクロを使う環境設定

セル・行・列操作の3ステップ

変数を理解し作業を減らす

条件分岐で対応力アップ

メッセージで使いやすく

繰り返し処理で作業効率化

シートコピーで手間が減る

悩んだらマクロの記録

シーン別！実践的活用法

簡単マクロでもっと便利に

❻「:=」ではなく「=:」の順番になっている

❼ xlが抜けている、もしくは綴りが間違っている

5-6 | セルを塗りつぶす・文字色を変える

セルを塗りつぶしたり、文字色を変えたりするマクロを学びます。

サンプルファイル「5-6_セル命令_色.xlsm」を開いてください。今回はセルB2を黄色に塗りつぶして、さらに文字色を赤へ変えます。

	A	B	C
1			
2		テスト	
3			

セルを塗りつぶしたい場合はRangeでセルを指定して「Interior. Color」を使います。

```
Range("B2").Interior.Color = RGB(255, 255, 0)
```

文字色を変更したいときはRangeでセルを指定し「Font.Color」を使います。

```
Range("B2").Font.Color = RGB(255, 0, 0)
```

色の指定はRGB型で行います。これは色をR（赤）G（緑）B（青）の3つの数値で表したものです。数値は0から255まであり、0に近いほど色が弱く、255に近いほど色が強くなります。すべて0なら黒色、すべて255なら白色です。絵の具で赤と青を混ぜれば紫になると考えるとイメージしやすいです。

完成させて動かしてみよう

「色付け」という名前を付け、マクロを書きましょう。

```
(General)
Sub 色付け()

Sheets("練習").Select
Range("B2").Interior.Color = RGB(255, 255, 0)
Range("B2").Font.Color = RGB(255, 0, 0)

End Sub
```

　ボタンにマクロを登録し、保存した後に押してみてください。「練習」シートのセルB2が黄色に塗りつぶされ、文字色が赤になれば成功です！RGB値を変えてみてください。再度マクロを動かすと色が変化します。

エラーが出たらチェック！　よくある間違い

❶ RangeやSelect、Interior、Font、Colorの綴りが間違っている
❷ B2が""（ダブルクォーテーション）で囲まれていない
❸ SelectやInterior、Font、Colorの前に.（ピリオド）がない
❹ 色の指定が0〜255に収まっていない

付けたい色のRGB値を判断する

「自分が付けたい色のRGB値がわからない……」というときの方法を説明します。

　まずエクセルのシート上で右クリックし「セルの書式設定」を選択してください。

マクロを使う
環境設定

セル・行・列操作
の3ステップ

変数を理解し
作業を減らす

条件分岐で
対応力アップ

メッセージで
使いやすく

繰り返し処理
で作業効率化

シートコピー
で手間が減る

悩んだら
マクロの記録

シーン別！
実践的活用法

簡単マクロで
もっと便利に

「塗りつぶし」タブから「その他の色」をクリックしてください。

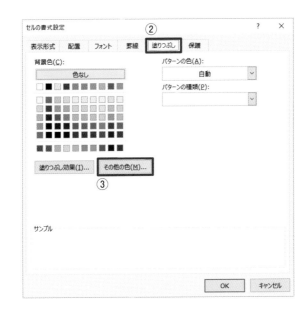

最後に「ユーザー設定」タブを押すとカラーパレットで色を選べます。「カラーモデル」を「RGB」にしてください。選んだ色のRGB値が出てきます。

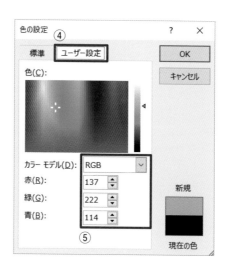

代表的な色サンプル

代表的な色のサンプルは以下の通りです。

色	RGBの数値	色	RGBの数値
赤	255, 0, 0	紫	128, 0, 128
青	0, 0, 255	白	255, 255, 255
緑	0, 128, 0	黒	0, 0, 0
黄	255, 255, 0		

マクロを使う 環境設定

セル・行・列操作の3ステップ

変数を理解し作業を減らす

条件分岐で対応力アップ

メッセージで使いやすく

繰り返し処理で作業効率化

シートコピーで手間が減る

悩んだらマクロの記録

シーン別！実践的活用法

簡単マクロでもっと便利に

6 行・列で作業する

これまで、セルを操作するマクロを学んできました。次は行や列を操作するマクロを学びます。こちらもセルと同じく、どのシートを選ぶのか、どの行や列を選ぶのか、どんな作業指示を出したいのかという順番でマクロを書いていきます。

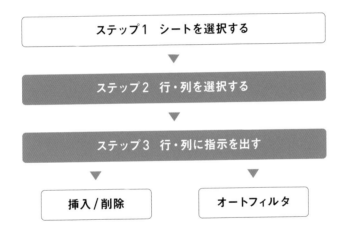

ここでは、まずステップ2の行や列を選択するマクロを学びます。その後、ステップ3の挿入や削除をする動きを学びます。

6-1 | 行や列を選択する

セルと同様にRangeを利用します。
今回はサンプルファイル「6-1_行列_選択.xlsm」を使います。「練習」シートの2行目やB列を選択します。

マクロは次のように書きます。

行選択

Range（"2:2"）.Select

列選択

Range（"B:B"）.Select

完成させて動かしてみよう

　行選択と列選択でそれぞれ作ります。マクロ名は「行選択」と「列選択」にして書きましょう。

```
(General)
    Sub 行選択()

    Sheets("練習").Select
    Range("2:2").Select

    End Sub

    Sub 列選択()

    Sheets("練習").Select
    Range("B:B").Select

    End Sub
```

　ボタンにマクロをそれぞれ登録し、保存した後に押してみてください。「練習」シートの2行目やB列が選択されていれば成功です！

エラーが出たらチェック！　よくある間違い

❶ RangeやSelectの綴りが間違っている

❷ シート名が""（ダブルクォーテーション）で囲まれていない

❸ 2:2やB:Bが""（ダブルクォーテーション）で囲まれていない

❹ Selectの前に.（ピリオド）がない

❺ :（コロン）が;（セミコロン）になっている

複数の行や列を選択する

　複数の行や列を選択することも可能です。

　一度練習してみましょう。

　次ページの図のように「練習」シートの2～4行目やB～C列を複数選択します。

マクロは次のように書きます。先ほどの範囲を少し変えるだけで動きます。コピー＆ペーストして一部を変更してみてください。

複数行選択

```
Range("2:4").Select
```

複数列選択

```
Range("B:C").Select
```

完成させて動かしてみよう

ここでも複数行選択と複数列選択でそれぞれ作ります。マクロ名は「複数行選択」と「複数列選択」にして書きましょう。

マクロを使う環境設定

セル・行・列操作の3ステップ

変数を理解し作業を減らす

条件分岐で対応力アップ

メッセージで使いやすく

繰り返し処理で作業効率化

シートコピーで手間が減る

悩んだらマクロの記録

シーン別！実践的活用法

簡単マクロでもっと便利に

```
(General)
    Sub 複数行選択()

    Sheets("練習").Select
    Range("2:4").Select

    End Sub

    Sub 複数列選択()

    Sheets("練習").Select
    Range("B:C").Select

    End Sub
```

ボタンにマクロをそれぞれ登録し、保存した後に押してみてください。「練習」シートの2～4行目やB～C列が選択されていれば成功です！

6-2 行や列を削除する

次に行や列を削除する方法を学びます。
サンプルファイル「6-2,6-3_行列_削除＆挿入.xlsm」を開いてください。ここでは3～5行とB～C列を削除します。

	A	B	C	D	E
1	テスト	テスト	テスト	テスト	テスト
2	テスト	テスト	テスト	テスト	テスト
3	テスト	テスト	テスト	テスト	テスト
4	テスト	テスト	テスト	テスト	テスト
5	テスト	テスト	テスト	テスト	テスト
6	テスト	テスト	テスト	テスト	テスト
7	テスト	テスト	テスト	テスト	テスト
8	テスト	テスト	テスト	テスト	テスト
9	テスト	テスト	テスト	テスト	テスト
10	テスト	テスト	テスト	テスト	テスト

行や列を削除すると黄色いセルがなくなります。

	A	B	C
1	テスト	テスト	テスト
2	テスト	テスト	テスト
3	テスト	テスト	テスト
4	テスト	テスト	テスト
5	テスト	テスト	テスト
6	テスト	テスト	テスト
7	テスト	テスト	テスト

　マクロは次のように書きます。行や列をRangeで選び「Delete」を使います。この場合、行は「上詰め」列は「左詰め」されます。

行削除

```
Range("3:5").Delete
```

列削除

```
Range("B:C").Delete
```

完成させて動かしてみよう

　行と列を削除するマクロをそれぞれ作ります。マクロ名は「行削除」と「列削除」にして書きましょう。

```
(General)
Sub 行削除()

Sheets("練習").Select
Range("3:5").Delete

End Sub

Sub 列削除()

Sheets("練習").Select
Range("B:C").Delete

End Sub
```

マクロを使う／環境設定

セル・行・列操作の3ステップ

変数を理解し作業を減らす

条件分岐で対応力アップ

メッセージで使いやすく

繰り返し処理で作業効率化

シートコピーで手間が減る

悩んだらマクロの記録

シーン別！実践的活用法

簡単マクロでもっと便利に

　ボタンにそれぞれのマクロを登録し、保存した後に押してみてください。「練習」シートの3～5行目とB～C列が削除されれば成功です！

エラーが出たらチェック！　よくある間違い

❶ RangeやSelect、Deleteの綴りが間違っている

❷ 3:5やB:Cが""（ダブルクォーテーション）で囲まれていない

❸ SelectやDeleteの前に.（ピリオド）がない

6-3 | 行や列を挿入する

　行や列を挿入するマクロについて学びます。

　引き続き同じサンプルファイルの「練習」シートを使い、3～5行とB～C列を挿入します。

	A	B	C	D	E
1	テスト			テスト	テスト
2	テスト			テスト	テスト
3					
4					
5					
6	テスト			テスト	テスト
7	テスト			テスト	テスト
8	テスト			テスト	テスト
9	テスト			テスト	テスト
10	テスト			テスト	テスト

　マクロは次のように書きます。行や列をRangeで選んだ後「Insert」を使います。Insertを使った挿入の場合、行は「上」に、列は「左」に挿入されます。

行挿入

Range（"3:5"）.Insert

列挿入

Range（"B:C"）.Insert

完成させて動かしてみよう

　マクロは行挿入と列挿入でそれぞれ作ります。マクロ名は「行挿入」と「列挿入」にし、書きましょう。

```
(General)

Sub 行挿入 ()

Sheets("練習").Select
Range("3:5").Insert

End Sub

Sub 列挿入 ()

Sheets("練習").Select
Range("B:C").Insert

End Sub
```

　ボタンにそれぞれのマクロを登録し、保存した後に押してみてください。「練習」シートの3〜5行目とB〜C列に空白が挿入されれば成功です！

エラーが出たらチェック！　よくある間違い

❶ RangeやSelect、Insertの綴りが間違っている

❷ 3:5やB:Cが""（ダブルクォーテーション）で囲まれていない

❸ SelectやInsertの前に.（ピリオド）がない

マクロを使う 環境設定

セル・行・列操作の3ステップ

変数を理解し作業を減らす

条件分岐で対応力アップ

メッセージで使いやすく

繰り返し処理で作業効率化

シートコピーで手間が減る

悩んだらマクロの記録

シーン別！実践的活用法

簡単マクロでもっと便利に

7 オートフィルタの使い方

Chapter2もいよいよ最後になりました。ここではオートフィルタをかけるマクロを学びます。

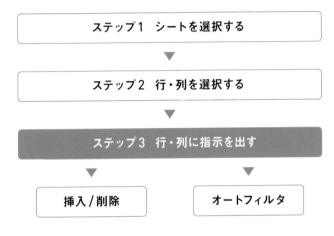

```
ステップ1　シートを選択する
　▼
ステップ2　行・列を選択する
　▼
ステップ3　行・列に指示を出す
　▼　　　　　　　　▼
挿入/削除　　　　オートフィルタ
```

オートフィルタは、データの中から条件に合う項目だけを抽出、表示する機能です。マクロで使うときは、列単位で範囲を選択しフィルタをかけます。

7-1 オートフィルタのかけ方・外し方

まずはマクロでオートフィルタをかけたり外したりしてみましょう。サンプルファイル「7_オートフィルタ.xlsm」を使います。「練習」シートのデータにオートフィルタをかけます。

	A	B
1	名前	金額
2	田中	10
3	鈴木	20
4	田中	30
5	鈴木	40
6	佐藤	50
7	田中	60
8	佐藤	70
9	鈴木	80

　マクロは次のように書きます。Rangeで対象範囲を指定して「AutoFilter」を使ってオートフィルタを設置します。

　解除も同じ書き方をします。かかっていない状態でマクロを動かすと設置、かかっている状態でマクロを動かすと解除されます。

Range(“A:B”).AutoFilter

完成させて動かしてみよう

「フィルタ1」という名前を付け、マクロを書きましょう。

```
(General)
Sub フィルタ1()

Sheets("練習").Select
Range("A:B").AutoFilter

End Sub
```

　ボタンにマクロを登録し、保存した後に押してみてください。「練習」シートのデータにフィルタがかかれば成功です！　この状態でもう1回ボタンを押せばオートフィルタが外れます。

エラーが出たらチェック！　よくある間違い

❶ Range や Select、AutoFilter の綴りが間違っている

❷ A:B が " " （ダブルクォーテーション）で囲まれていない

❸ Select や AutoFilter の前に .（ピリオド）がない

7-2 | 1つの条件で絞る

　次にオートフィルタを使って、条件にあった項目に絞るマクロを学びます。今回は文字で検索をかけます。

　先ほどの「練習」シートを引き続き使います。オートフィルタで名前が「田中」の項目だけ抽出します。

	A	B
1	名前 🔽	金額 🔽
2	田中	10
4	田中	30
7	田中	60

　マクロは次のように書きます。AutoFilter の後ろに半角スペースを空け「何列目のフィルタか」「絞る条件は何か」を並べて書きます。ここではオートフィルタの「1列目」を「田中」で絞りなさいという指示です。

Range（"A:B"）.AutoFilter 1, "田中"

完成させて動かしてみよう

「フィルタ2」という名前を付け、マクロを書きましょう。

```
(General)

Sub フィルタ2()

Sheets("練習").Select
Range("A:B").AutoFilter 1, "田中"

End Sub
```

　ボタンにマクロを登録し、保存した後に押してみてください。「田中」
の項目だけ抽出されれば成功です！

エラーが出たらチェック！　よくある間違い

❶ RangeやSelect、AutoFilterの綴りが間違っている

❷ A:Bが“”（ダブルクォーテーション）に囲まれていない

❸ 田中が“”（ダブルクォーテーション）に囲まれていない

❹ SelectやAutoFilterの前に.（ピリオド）がない

❺ AutoFilterと1の間に半角スペースがない

❻ 1の後ろに,（コンマ）がない

あいまい検索をしたいときは

　ここで使った完全一致検索以外のあいまい検索の仕方も紹介します。
その場合は＊（アスタリスク）を使います。＊は「ここに何が入ってもい
いよ」ということを表します。次の表のような意味になります。

表記	意味
"田中"	田中と等しい
"田中＊"	田中で始まる
"＊田中"	田中で終わる
"＊田中＊"	田中を含む

7-3 複数条件で絞る

次に複数条件にあった項目に絞るマクロを学びます。引き続き同じ「練習」シートでフィルタをかけます。名前が「田中」もしくは「佐藤」で、金額が「40より大きい」かつ「60以下」の行だけを抽出しましょう。

	A	B
1	名前	金額
6	佐藤	50
7	田中	60

マクロは次のように書きます。同じくAutoFilterの後ろに半角スペースを空け、その後に「何列目のフィルタか」「絞る条件は何か」を並べて指定します。複数条件を設定するときには、3つ注意点があります。

❶ 1列目への条件指定と2列目への条件指定はそれぞれ別の行に書く
❷ 1つの列に対し、条件は2つまで
❸ 条件を2つ入れるときは、間に「xlOr（もしくは）」か「xlAnd（かつ）」を入れる

Range("A:B").AutoFilter 1, "田中", xlOr, "佐藤"
Range("A:B").AutoFilter 2, ">40", xlAnd, "<=60"

完成させて動かしてみよう
「フィルタ3」という名前を付け、マクロを書きましょう。

ボタンにマクロを登録し、保存した後に押してみてください。名前が「田中」もしくは「佐藤」で、金額が「40より大きい」かつ「60以下」の行だけ抽出されれば成功です！

```
(General)

    Sub フィルタ3()

    Sheets("練習").Select
    Range("A:B").AutoFilter 1, "田中", xlOr, "佐藤"
    Range("A:B").AutoFilter 2, ">40", xlAnd, "<=60"

    End Sub
```

エラーが出たらチェック！　よくある間違い

❶ Range や Select、AutoFilter、xl の綴りが間違っている

❷ A:B や条件が ""（ダブルクォーテーション）で囲まれていない

❸ Select や AutoFilter の前に .（ピリオド）がない

❹ AutoFilter と 1 や 2 の間に半角スペースがない

❺ xlOr や xlAnd の前後に ,（コンマ）がない

不等号の使い方

　数値の大小を比較するときは、＞（大なり）か＜（小なり）を書きます。「以上」「以下」は、右側に＝（イコール）を付けます。また「等しくない」を表すときには、大なりと小なりを組み合わせた＜＞を使います。これは文字列にも利用できます。

表記	意味
X＞Y	X が Y より大きい
X＞＝Y	X が Y 以上
X＜Y	X が Y より小さい
X＜＝Y	X が Y 以下
X＝Y	X と Y が等しい
X＜＞Y	X と Y が等しくない

3

変数をマスターすれば
作業が圧倒的に減る

POINT

　変数について学んでいきます。

　様々な使い道があり、例えば繰り返し処理のときには処理回数を数えさせます。他のエクセルファイルを開くときにはファイル名を一時的に入れておきます。

　変数はエクセルマクロの中でも最も抽象的なところですから、イメージが掴みにくいかもしれません。ただ、マスターすればできることが一気に広がるのでしっかり身に付けましょう。

　このChapterでは、サンプルファイルを利用します。フォルダ「Chapter3」に必要なファイルが入っています（P.21参照）。

1 変数のイメージとルール

　変数を理解しやすいように、まずはわかりやすい例で説明します。

　2019年10月に日本の消費税は8％から10％になりました。それに合わせて、商品が1万点あるお店で消費税計算マクロを変更するとします。変数が使われているかによって、その作業負荷がどれくらい違うのか考えてみましょう。

```
パターンA　変数を使わない場合

Sub 消費税計算A( )

Range("A1")=1000   ＊1.08
Range("A2")=1200   ＊1.08
Range("A3")=10000  ＊1.08
Range("A4")=4400   ＊1.08     ＞1万行
Range("A5")=2300   ＊1.08
Range("A6")=700    ＊1.08
Range("A7")=1600   ＊1.08

End Sub            1万ヶ所
                   変更が必要
```

```
パターンB　変数を使う場合

Sub 消費税計算B( )
Dim k
k = 1.08
Range("A1")=1000   ＊k
Range("A2")=1200   ＊k
Range("A3")=10000  ＊k
Range("A4")=4400   ＊k      ＞1万行
Range("A5")=2300   ＊k
Range("A6")=700    ＊k
Range("A7")=1600   ＊k

End Sub            1ヶ所の
                   変更で対応可
```

　マクロでは掛け算は＊の記号で表します。パターンAでは1万ヶ所に1.08倍する式が入っています。税率を変更するときは1万行に対して1.08を1.1に変更する作業が必要です。

　対してパターンBでは変数kに1.08という数値を入れ、1万ヶ所にkをかける式が入っています。税率を変更するときはkの値を1.08から1.1に1ヶ所変更するだけですべての計算結果が変わります。

マクロを使う 環境設定

セル行列操作 の3ステップ

変数を理解し 作業を減らす

条件分岐で 対応力アップ

メッセージで 使いやすく

繰り返し処理 で作業効率化

シートコピー で手間が減る

悩んだら マクロの記録

シーン別! 実践的活用法

簡単マクロで もっと便利に

変数のイメージ

　変数は数字や文字などが何でも入る箱だとイメージしてください。ただしこの箱は一度に1つしかモノを入れることができません。2つ目を入れると、はじめに入っていたものが後から入れたもので上書きされてしまいます。

　先ほどの例は、次のように考えて変数を使っています。

❶ 税率を表す変数として、kと書かれた箱の中に1.08という数字を入れておく
❷ 1.08という数字を使いたいときはkという文字を利用する
❸ 税率が変わったら、kに入っている数字を1.08から1.1に換える

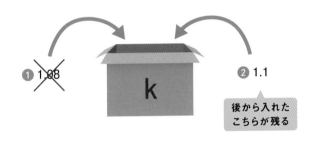

　このように「内容が変わっていく数値に対し、名前の付いた箱を準備し、それをプログラム中で利用する」というのが変数の考え方です。

変数名のルール

　変数の名前は以下のルールに沿って付けます。aやkのような1文字でも、Taxのようなわかりやすい名前を付けてもよいです。

- **変数名には文字と _（アンダーバー）だけが使え、先頭は文字でなければいけません。**
- **文字数は半角で255字までです。**

変数のデータ型

変数は一般的に「データ型」を指定して使うべきだといわれています。「データ型を指定する」とは、変数に入れられる値を事前に決めておくことをいいます。

型の名前	マクロの表記	しまうことができるデータ
バイト型	Byte	0 〜 255 までの整数
ブール型	Boolean	True 又は False
整数型	Integer	-32,768〜32,767 の整数
長整数型	Long	-2,147,483,648〜2,147,483,647 の整数
通貨型	Currency	-922,337,203,685,477.5808 〜 922,337,203,685,477.5807 の固定小数点数
単精度浮動小数点型	Single	負の値：-3.402823E38 〜 -1.401298E-45 正の値：1.401298E-45 〜 3.402823E38
倍精度浮動小数点型	Double	負の値：-1.79769313486232E308 〜 -4.94065645841247E-324 正の値：4.94065645841247E-324 〜 1.79769313486232E308
日付型	Date	西暦100年1月1日〜西暦9999年12月31日までの日付と時刻
文字列型	String	文字列
オブジェクト型	Object	オブジェクトを参照する
バリアント型	Variant	すべてのデータに適応

データ型には色々な種類があるうえ、その指定は非常に厳密です。例えば変数に長整数型（Long）を指定すると、これには整数しか入らなくなります。文字列や小数を入れるとエラーになってしまいます。

変数を使うのに複雑なデータ型を覚える必要はありません。表の一番下、バリアント型を指定すればすべてのデータに適応できます。エラーが出ないバリアント型を使いましょう。

適切に定義された型を利用すると処理が早くなるという話もありますが、その差はおよそ0.1秒だそうです。この程度であれば全く気にする必要はないでしょう。

2 変数を設定して利用する方法

ここでは、マクロ内で変数を利用する手順を学んでいきます。

変数を利用するには、マクロの中で「この文字が変数です！」と宣言する必要があります。

それには「Dim 変数名」を使います。今回はkという1文字の変数を宣言します。

サンプルファイル「2_変数.xlsm」を使います。「練習」シートのセルA1には1000とkを、A2には1200とk、A3には10000とkをかけた計算結果を表示させます。下の図のようになります。

	A	B
1	1080	
2	1296	
3	10800	
4		

まず変数を宣言します。変数が何を表しているのか、横にコメントで説明を残しておきましょう。Shift + 7 で'（アポストロフィ）を付けると、同じ行の以後はコメントになり、プログラムからは無視されます。

特に変数がいくつも出てくる場合は、わかりやすさを重視しましょう。

```
Dim k    '税率
```

変数に値を入れるには「=」を使います。

```
k = 1.08
```

変数を使って計算したいときは、数字や演算記号と同じようにそのまま数式に入れ込みます。

Range("A1") = 1000 * k
Range("A2") = 1200 * k
Range("A3") = 10000 * k

完成させて動かしてみよう
「変数1」という名前を付け、マクロを書きましょう。

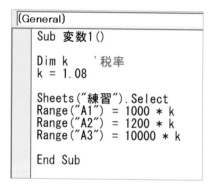

```
(General)
Sub 変数1()

Dim k      '税率
k = 1.08

Sheets("練習").Select
Range("A1") = 1000 * k
Range("A2") = 1200 * k
Range("A3") = 10000 * k

End Sub
```

　ボタンにマクロを登録し、保存した後に押してみてください。「練習」シートのセル「A1からA3」に計算結果が入れば成功です！

エラーが出たらチェック！　よくある間違い
❶ RangeやSelect、Dimの綴りが間違っている
❷ セルが""（ダブルクォーテーション）で囲まれていない
❸ 宣言した変数と違う文字を使っている

データ型の指定方法

　変数はバリアント型を指定すればよいというお話をしました。正式に変数の宣言をするには「Dim k As Variant」のように書きます。「As」以降に型の名前を入れ、指定するのです。この部分を省略するとすべてバリアント型の変数だと認識されます。効率化のために、僕はいつも省略しています。

マクロを使う環境設定

セル行列操作の３ステップ

変数を理解し作業を減らす

条件分岐で対応力アップ

メッセージで使いやすく

繰り返し処理で作業効率化

シートコピーで手間が減る

悩んだらマクロの記録

シーン別！実践的活用法

簡単マクロでもっと便利に

3 変数の値を新たに上書きする

　次に処理を進めながら、変数の値を上書きするマクロを学びます。

　変数に値を入れる「＝」は数学的な意味の「等しい」とは違います。マクロでは「＝の後ろの値を＝前へ代入する」という意味です。

a ＝ a ＋ 1

　これは数学的には成り立たない式ですが、マクロを書くときには成立します。「変数aに『変数aに+1した値』を入れなさい」という意味です。つまり「aの値を1増やしなさい」ということです。

　それでは一度練習をしてみましょう。サンプルファイル「3_変数の上書き.xlsm」を使います。一度設定した変数の値を上書きして下の図のように表示させるマクロを作ります。

	A	B
1	6	
2	16	
3		
4		

　この例を考えてみましょう。

マクロを使う　環境設定

セル行列操作の3ステップ

変数を理解し作業を減らす

条件分岐で対応力アップ

メッセージで使いやすく

繰り返し処理で作業効率化

シートコピーで手間が減る

悩んだらマクロの記録

シーン別！実践的活用法

簡単マクロでもっと便利に

まず変数aに5を、変数bに10を入れます。

そして変数aに1を足し、変数bにaとbを足した数字を入れます。

この部分のマクロは次のように書きます。変数を＝の左側、更新する値を右側に書きましょう。

a＝5
b＝10

a＝a＋1　　・「a＋1」をaに代入
b＝a＋b　　・「a＋b」をbに代入

最後に「練習」シートのセルA1に変数aの値を、A2に変数bの値を表示させます。変数の値をセルに直接入れる書き方です。

Range（"A1"）＝a
Range（"A2"）＝b

完成させて動かしてみよう

「変数2」という名前を付け、マクロを書きましょう。

```
(General)

Sub 変数2()

Dim a
Dim b

a = 5
b = 10

a = a + 1
b = a + b
Sheets("練習").Select
Range("A1") = a
Range("A2") = b

End Sub
```

ボタンにマクロを登録し、保存した後に押してみてください。「練習」
シートのセルA1、A2に数字が表示されれば成功です！

エラーが出たらチェック！　よくある間違い
❶ RangeやDimの綴りが間違っている
❷ セルが“”（ダブルクォーテーション）で囲まれていない

マクロを使う 環境設定

セル行列操作 の3ステップ

変数を理解し 作業を減らす

条件分岐で 対応力アップ

メッセージで 使いやすく

繰り返し処理 で作業効率化

シートコピー で手間が減る

悩んだら マクロの記録

シーン別！ 実践的活用法

簡単マクロで もっと便利に

4 ウォッチウィンドウで 変数の値をチェック

　マクロを動かしていると、変数に思った通りの数字が入っていないことがあります。そのときはウォッチウィンドウを利用すると変数の中身を確認できます。

　マクロ作成画面の「表示」タブから「ウォッチウィンドウ」を開いてください。

　マクロ作成画面の下部に、空白のウォッチウィンドウが出てきます。

ここに先ほどの「変数2」マクロから変数aとbを選んでそれぞれドラッグ＆ドロップしてみてください。

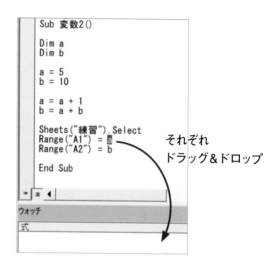

```
Sub 変数2()

Dim a
Dim b

a = 5
b = 10

a = a + 1
b = a + b

Sheets("練習").Select
Range("A1") = a
Range("A2") = b

End Sub
```

それぞれ
ドラッグ＆ドロップ

ウォッチ
式

　変数がウォッチウィンドウに現れます。この段階では〈対象範囲外〉となっています。

ウォッチ	
式	値
👓　a	〈対象範囲外〉
👓　b	〈対象範囲外〉

　変数はマクロが最後まで動くと中身が空になってしまいます。変数の中を覗き見るには、途中で一時停止させる必要があります。行頭の左側をクリックしてみてください。茶色い●がつきます。この状態でマクロを動かすと●がついた1行前で処理が止まります。何個でも付けることができ、複数個付けると●のたびに処理が止まります。消すには再度同じ場所をクリックしてください。
　それでは「変数の中身が定まった次の行」でマクロが一時停止するよ

うにしてください。「a = a + 1」と「Sheets("練習").Select」の横に●
をつけます。

　この状態でマクロを動かすと、まず「b = 10」と「a = a + 1」との間
で止まります。このときaとbの値をウォッチウィンドウで見るとaは5
でbは10となっているはずです。

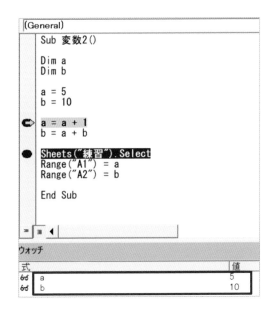

　マクロ作成シートにある、右向きの緑色の▶ボタン（継続ボタン）を
押すと再びマクロが動きます。

　すると「b = a + b」と次の行との間でマクロが止まります。ここでそ
れぞれの値を見てみます。aは6でbは16となっているはずです。

マクロを使う環境設定
セル行列操作の3ステップ
変数を理解し作業を減らす
条件分岐で対応力アップ
メッセージで使いやすく
繰り返し処理で作業効率化
シートコピーで手間が減る
悩んだらマクロの記録
シーン別！実践的活用法
簡単マクロをもっと便利に

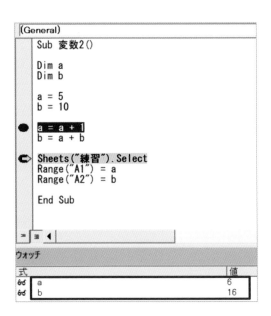

```
(General)

Sub 変数2()

Dim a
Dim b

a = 5
b = 10

● a = a + 1
  b = a + b

⇨ Sheets("練習").Select
  Range("A1") = a
  Range("A2") = b

End Sub
```

ウォッチ	
式	値
ᠪᠪ a	6
ᠪᠪ b	16

　変数が思い通りの動きをしなかった場合には、このように値を確認し
ながら修正してみてください。

Chapter

4

対応力アップ！
条件ごとに
作業を分岐させる

POINT

「If」を用いて条件を分岐させる方法を学びます。

構文は1つしかないですし、エクセルのIF関数の考え方と大きくは変わりません。抵抗なく学べるのではないかと思います。

Chapter5のメッセージボックスと組み合わせて「はい/いいえ」の分岐や、マクロの実行確認などのプロセス分岐に対応できます。

このChapterでは、サンプルファイルを利用します。フォルダ「Chapter4」に必要なファイルが入っています（P.21参照）。

1 条件分岐のイメージ

　マクロは基本的に上から順番に処理されていきます。条件によって処理を分ける必要があるときには「If」を用いて分岐をさせられます。

　マクロが実行されるイメージは次の通りです。

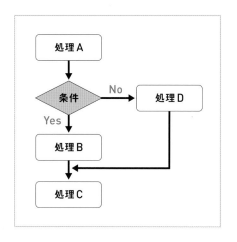

　処理Aが終わった後、条件分岐に差しかかります。

• 条件を満たす場合（Yesの場合）は処理Bに移り、次に処理Cが実行されます。

• 条件を満たさない場合（Noの場合）は処理Dに移り、次に処理Cが実行されます。

マクロを使う
環境設定

セル行列操作
の3ステップ

変数を理解し
作業を減らす

条件分岐で
対応力アップ

メッセージで
使いやすく

繰り返し処理
で作業効率化

シートコピー
で手間が減る

悩んだら
マクロの記録

シーン別！
実践的活用法

簡単マクロで
もっと便利に

2 Ifを使う場面

　マクロのIfは、誤ってマクロ起動ボタンを押した場合のエラー回避な
どに使われることが多いです。

　今まで皆さんと一緒に作ってきたマクロは、ボタンを押すとすぐに動
き出します。Ifとメッセージボックスを組み合わせると、起動ボタンを
押したときに「このマクロを起動しますか？」と確認画面を出せます。
そこで「はい」をクリックすると処理が進み「いいえ」をクリックすると
処理が中断するようにできます。

　こうした動きを入れるとミスの発生を抑え、ユーザーに対して優しい
マクロを作れます。

　シート上での分岐処理の場合はIF関数を、マクロ自体の制御を行う
場合はマクロのIfを使いましょう。

3 Ifの基本

　If構文では条件を判定し、条件が成立した場合はThen以降の処理を実行します。条件が成立しなかった場合はElse以降の処理を実行します。

If 条件 Then
　　条件が成立した場合の処理
Else
　　条件が成立しなかった場合の処理
End If

　If構文は「End If」で閉じないとエラーになります。忘れずに書き入れてください。処理内容は行頭から1スペース分空けて書くことが多いです。これはマクロをわかりやすくするためです（空けなければエラーが出るわけではありません）。

Elseの後を「空白」と「Exit Sub」にする場合

　条件が成立しなかった場合に、何も処理をさせずにマクロを進めたければElseの後を空白にしてEnd Ifを書きます。

If 条件 Then
　　条件が成立した場合の処理
Else

End If

　条件が成立しなかった場合に、マクロ自体を終了させたければElseの後に「Exit Sub」と書き、続けてEnd Ifを書いてください。Exit Sub

マクロを使う 環境設定

セル行列操作 の3ステップ

変数を理解し 作業を減らす

条件分岐で 対応力アップ

メッセージで 使いやすく

繰り返し処理 で作業効率化

シートコピー で手間が減る

悩んだら マクロの記録

シーン別! 実践的活用法

簡単マクロで もっと便利に

には今動いているマクロを終了させる意味があります。

```
If 条件 Then
    条件が成立した場合の処理
Else
    Exit Sub
End If
```

この2つの違いを図で示すと次のようになります。

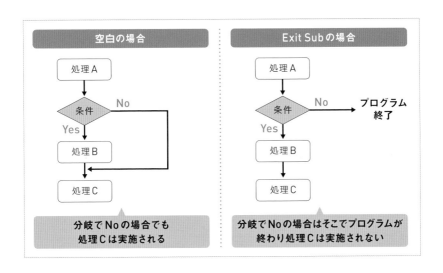

条件分岐のさせ方

今回はエクセルシート上で使うわかりやすい事例で説明します。

サンプルファイル「Chapter4_条件分岐.xlsm」を使います。「練習」シートのセルA1の値が1の場合はセルB1に「○」が入り、それ以外の場合は「×」が入ります。

マクロは次のように書きます。

If Range ("A1") = 1 **Then**
    Range ("B1") = " ○ "
Else
    Range ("B1") = " × "
End If

完成させて動かしてみよう
「条件分岐」という名前を付け、マクロを書きましょう。

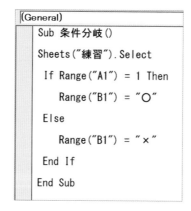

```
(General)
    Sub 条件分岐()
    Sheets("練習").Select
     If Range("A1") = 1 Then
         Range("B1") = "○"
     Else
         Range("B1") = "×"
     End If
    End Sub
```

　ボタンにマクロを登録し、保存して押してみてください。「練習」シートのセルA1の値に応じて、セルB1に○か×が出れば成功です！

エラーが出たらチェック！　よくある間違い
❶ RangeやThen、Elseの綴りが間違っている
❷ セルや○、×が""（ダブルクォーテーション）で囲まれていない
❸ Ifの後に条件が書かれていない
❹ End Ifが抜けている

5

マクロが劇的に
わかりやすくなる
メッセージボックス

POINT

　ここまでのマクロはボタンを押すとすぐ動きはじめ、合図もなく終了します。これでは誤ったマクロが動き出したり、処理の完了がわからなかったりとミスの原因になります。

　これをメッセージボックスで防ぐ方法を身に付けましょう。わかりやすく使いやすいマクロになります。

　後ほど学ぶ繰り返し処理は誤って起動すると、時間を大きく無駄にします。確認する仕組みを入れておくと非常に有益です。

　このChapterでは、サンプルファイルを利用します。フォルダ「Chapter5」に必要なファイルが入っています（P.21参照）。

1 単純なメッセージの出し方

　まずは「処理が完了しました」というメッセージを出してみましょう。マクロの最後に入れると処理が終わったことがわかりやすいです。

　サンプルファイル「Chapter5_メッセージボックス.xlsm」を使います。

　メッセージを出すときは「MsgBox」を使います。この後ろに""（ダブルクォーテーション）で囲んだ文字を書きます。

MsgBox "処理が完了しました"

完成させて動かしてみよう

「メッセージ1」という名前を付け、マクロを書きましょう。

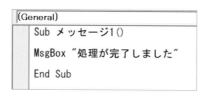

　ボタンにマクロを登録し、保存した後に押してみてください。「処理が完了しました」というメッセージが出れば成功です！

マクロを使う環境設定

セル行列操作の3ステップ

変数を理解し作業を減らす

条件分岐で対応力アップ

メッセージで使いやすく

繰り返し処理で作業効率化

シートコピーで手間が減る

悩んだらマクロの記録

シーン別！実践的活用法

簡単マクロでもっと便利に

エラーが出たらチェック！　よくある間違い

❶ MsgBoxの綴りが間違っている

❷ メッセージが""（ダブルクォーテーション）で囲まれていない

メッセージボックスのタイトルを変える

メッセージボックス上部のタイトルも変えられます。

メッセージのタイトルが変わる

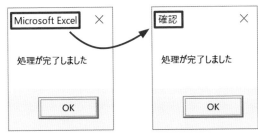

先ほどのマクロの後ろをコンマで区切り「0」「タイトル」の順に記載します。この状態で再度実行し、確認してください。

MsgBox "処理が完了しました", 0, "確認"

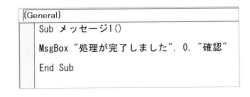

0を入れた意味

先ほどのマクロで「"確認"の前に入れた0は何を表しているの？」と思ったのではないでしょうか。これはメッセージボックスに表示されるボタンの種類を変更する数字で、ボタンコードと呼ばれています。

覚えていただきたいのは「OK」を出す0と「はい/いいえ」の選択肢を出す4だけです。「メッセージ1」に書いた0を4に変更してみましょう。再度マクロを動かすとボタンが変わります。

ボタンコード	
0	OK
4	はい(Y)　いいえ(N)

マクロを使う環境設定

セル行列操作の3ステップ

変数を理解し作業を減らす

条件分岐で対応力アップ

メッセージで使いやすく

繰り返し処理で作業効率化

シートコピーで手間が減る

悩んだらマクロの記録

シーン別!実践的活用法

簡単マクロでもっと便利に

2 「はい」「いいえ」を選択させる方法

「はい」「いいえ」をユーザーに選ばせて、答えによって処理を変えるメッセージボックスを作ってみましょう。

次のようなメッセージボックスを出し「はい」を押すと「処理を完了しました」を表示させます。「いいえ」を押すと「処理を中止しました」を表示し、処理をストップさせます。

ユーザーは「はい」や「いいえ」をクリックして選択肢を選びますが、マクロは答えを日本語で把握しているわけではありません。

「はい」を6、「いいえ」を7と数値で認識しています。

選択肢	値
はい	6
いいえ	7

では、Ifと変数を使ってメッセージボックスでの条件分岐を書いていきましょう。

引き続き、サンプルファイル「Chapter5_メッセージボックス.xlsm」を使います。

メッセージボックスの回答は事前に作った変数にしまい、中身によってその後の処理が変わるようにします。

まず「Dim」で変数を宣言します。変数はわかりやすいようにAnswerからとってansにしましょう。「ans =」の後にメッセージボックスのマクロを書くと、回答を変数に入れることができます。

```
Dim ans    'メッセージボックスの回答用
ans = MsgBox ("処理を続行しますか?", 4, "確認")
```

ここで注意点が2つあります。

❶ 変数にメッセージボックスの回答を入れる場合は、通常とは異なり「MsgBox」の後ろを ( ) で囲まなければいけない。
❷ 必ずイコールの左側に変数を、右側に「MsgBox」を書く。
  (変数のルール「= の後ろの値を = の前へ代入する」より)

次はansの値によって処理をIfで分岐させます。もし6(=はい)だったら「処理を完了しました」というメッセージを出します。7(=いいえ)だったら「処理を中止しました」と表示して処理を中止します。

```
If ans = 6 Then
 MsgBox "処理を完了しました"
Else
 MsgBox "処理を中止しました"
 Exit Sub
End If
```

完成させて動かしてみよう
「メッセージ2」という名前を付け、マクロを書きましょう。

マクロを使う｜環境設定

セル行列操作の3ステップ

変数を理解し作業を減らす

条件分岐で対応力アップ

メッセージで使いやすく

繰り返し処理で作業効率化

シートコピーで手間が減る

悩んだらマクロの記録

シーン別！実践的活用法

簡単マクロでもっと便利に

```
(General)
  Sub メッセージ2()

  Dim ans 'メッセージボックスの回答用

  ans = MsgBox("処理を続行しますか?", 4, "確認")

   If ans = 6 Then
     MsgBox "処理を完了しました"
   Else
     MsgBox "処理を中止しました"
     Exit Sub
   End If

  End Sub
```

　ボタンにマクロを登録し、保存した後に押してみてください。選択肢があるメッセージボックスが出て「はい」を押すと「処理を完了しました」が表示され「いいえ」を押すと「処理を中止しました」というメッセージボックスが出て処理がストップすれば成功です！

エラーが出たらチェック！　よくある間違い

❶ MsgBox、If、Then、Else、Exit Subの綴りが間違っている

❷ はい/いいえを確認するMsgBoxに（）がついていない

❸ メッセージが“”（ダブルクォーテーション）で囲まれていない

❹ ThenやEnd Ifが抜けている

3 アイコンの出し方

表示したメッセージにアイコンを付けることもできます。
よりメッセージがわかりやすくなります。

アイコンは4種類あり、それぞれにコードがついています。

アイコンコード	
16	
32	
48	
64	

　これらをボタンコードの後ろに「＋32」や「＋64」のように書くと、ア
イコンを設定できます。

MsgBox "処理が完了しました", 0 + 64, "確認"

完成させて動かしてみよう

「メッセージ3」という名前を付け、マクロを書きましょう。

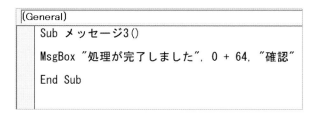

```
(General)
    Sub メッセージ3()
    MsgBox "処理が完了しました", 0 + 64, "確認"
    End Sub
```

　ボタンにマクロを登録し、保存した後に押してみてください。アイコンつきのメッセージボックスが出てくれば成功です！

エラーが出たらチェック！　よくある間違い

❶ MsgBoxの綴りが間違っている

❷ メッセージが""（ダブルクォーテーション）で囲まれていない

❸ 0 + 64の前後に,（コンマ）がついていない

アイコンの使いわけ例

　コード16は特定の条件を満たしていないと処理ができないマクロで使います。例えばセルA1の値を使って処理するマクロで、A1が空白のままボタンを押した場合にメッセージを出します。

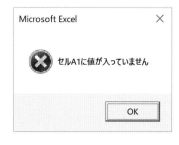

　コード32と48は処理を続行するか、中止するか聞く際に使います。

押し間違いでの誤作動を防ぎます。「はい／いいえ」ボタンと組み合わせます。48は特に「はい」を慎重に選んでほしいときに有効です。

コード64は単純な情報を出すために使います。

繰り返し作業は
すべてマクロにやらせよう

　繰り返し処理を使いこなせば自動で何百回、何千回と同じ作業をさせることができます。作業の効率化とマクロの簡略化という点で、非常に高い効果があります。

　本書の冒頭にもある、4時間10分かかる2500回の行挿入作業が、たった20秒程度で終わるのです。

　ぜひ皆さんも手作業で繰り返している業務の効率化と時短を進めましょう。

　このChapterでは、サンプルファイルを利用します。フォルダ「Chapter6」に必要なファイルが入っています（P.21参照）。

1 繰り返しのイメージ

　マクロは基本的に上から順番に処理されます。繰り返し処理では、設定した条件を満たさない場合はその前に戻ります。

　処理のイメージは次の通りです。

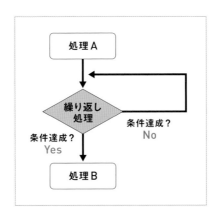

　処理Aが終わった後、繰り返し処理に差しかかります。

・条件を満たす場合（Yesの場合）は処理Bに移ります。

・条件を満たさない場合（Noの場合）は繰り返し処理の前に戻り、再度繰り返し処理が実行されます。

　こうして条件が満たされるまで処理を繰り返すことになります。

マクロを使う 環境設定

セル行列操作 の3ステップ

変数を理解し 作業を減らす

条件分岐で 対応力アップ

メッセージで 使いやすく

繰り返し処理 で作業効率化

シートコピー で手間が減る

悩んだら マクロの記録

シーン別! 実践的活用法

簡単マクロで もっと便利に

2 繰り返し処理の基本

　それでは、繰り返し処理の手順を説明します。まずは基本を学んだ後、具体的な条件設定の仕方を紹介します。

　繰り返しマクロの公式は「Do ～ Loop Until 条件」です。Until は「～するまで」という意味です。つまり「Loop Until 条件」は「条件を達成するまでループしなさい」ということです。

```
Do
  繰り返したい処理
Loop Until 条件
```
・条件を満たしていなければ Do に戻る
・条件を満たせば下へ進む

　よく使う繰り返しの条件は次の2種類です。自分が設定したいのはどちらか、マクロを書く前に考えておきましょう。

❶ 選択したセルの内容が条件になる
条件に合ったセルを探し、処理したい場合などはこちらを利用。

❷ 繰り返す処理の回数を指定する
リストの件数分の定型処理をするなど、処理の回数が明確なシーンではこちらを利用。

　それぞれの使い方についてはこの後くわしく説明します。
　その前に、無限ループについて学んでおきましょう。
　繰り返し処理では、条件設定の仕方を間違えると、いつまでも条件を達成しなくなってしまいます。こうなると無限に処理をし続けます。この無限ループにはよく注意をしてください。

もし無限ループしてしまったときは [Esc] を押すか [Ctrl] + [Break] （もしくは [Pause] ）を押すと処理が止まります。

エクセルの画面が白くなり「応答なし」になることもあります。

[Esc] を押しながらパソコンのタスクバーにあるエクセルや他のアプリケーションのアイコンを何回かクリックするとマクロが止まることが多いです。それでも止まらない場合はエクセルを一度閉じるしかありません。そのときは保存して閉じられませんので、マクロを実行する前に必ず保存をしておいてください。

[Esc] を押しながら
何回かクリック

マクロを使う 環境設定

セル行列操作 の3ステップ

変数を理解し 作業を減らす

条件分岐で 対応力アップ

メッセージで 使いやすく

繰り返し処理 で作業効率化

シートコピー で手間が減る

悩んだら マクロの記録

シーン別！ 実践的活用法

簡単マクロで もっと便利に

3 セルの内容が条件の繰り返し

　ではセルの内容によって条件を指定する繰り返しマクロについて学んでいきます。

　今回はサンプルファイル「3_セル内容が条件.xlsm」を使い、2つのマクロを作って練習します。1つ目は条件を文字に設定し「えええ」セルを選択させます。

	A	B
1	データ項目	
2	あああ	
3	いいい	
4	ううう	
5	えええ	
6	おおお	
7		

　2つ目は条件をセルの色に設定し、赤色のセルを選択させます。

	A	B
1	データ項目	
2	あああ	
3	いいい	
4	ううう	
5	えええ	
6	おおお	
7		

　はじめに繰り返しの始点となるセルA1を選択します。Do ～ Loop Untilを使って、1セルずつ下がって中の情報が条件（文字や色）と一致するかチェックする動作を繰り返します。そして、一致したところで処理が停止します。指定した条件を満たすセルがないと、無限ループして

しまいます。

調べる対象のセルが変化していくので、セルの指定方法は今選んでいるセルを表すSelectionを使うと書きやすいです。

セルの値によって繰り返し処理を止めるマクロです。

Sheets("練習").Select
Range("A1").Select · Range("A1").SelectでA1を選ぶ

Do
　　　　　　　　　　　　　　　　　· Selection.Offset(1,0).Selectで
　　　　　　　　　　　　　　　　　　セルが1つずつ下がる
　　Selection.Offset(1, 0).Select · Selectionを使うと対象がどのセ
　　　　　　　　　　　　　　　　　　ルでもマクロを変えなくて済む
Loop　Until　Selection="えええ" · 選択したセルの値が「えええ」だ
　　　　　　　　　　　　　　　　　　と繰り返し処理を終了

セルの色によって繰り返し処理を止めるマクロです。

Sheets("練習").Select
Range("A1").Select

Do

　　Selection.Offset(1,0).Select

Loop　Until　Selection.Interior.Color = RGB(255, 0, 0)
　　　　　　　　　　· 選択したセルの色が「赤だと繰り返し処理を終了」

マクロを使う環境設定

セル行列操作の3ステップ

変数を理解し作業を減らす

条件分岐で対応力アップ

メッセージで使いやすく

繰り返し処理で作業効率化

シートコピーで手間が減る

悩んだらマクロの記録

シーン別!実践的活用法

簡単マクロでもっと便利に

完成させて動かしてみよう

　それぞれ「繰り返し1」「繰り返し2」という名前を付け、マクロを書きましょう。

```
(General)
Sub 繰り返し1()

Sheets("練習").Select
Range("A1").Select

Do

Selection.Offset(1, 0).Select

Loop Until Selection = "えええ"

End Sub
```

```
(General)
Sub 繰り返し2()

Sheets("練習").Select
Range("A1").Select

Do

Selection.Offset(1, 0).Select

Loop Until Selection.Interior.Color = RGB(255, 0, 0)

End Sub
```

　ボタンにそれぞれのマクロを登録し、保存した後に押してみてください。繰り返し1のマクロでは「えええ」と書かれたセル、繰り返し2のマクロでは赤いセルが選択されれば成功です！

エラーが出たらチェック！　よくある間違い

❶ Range、Select、Selection、Offset、Loop、Untilなどの綴りが間違っている

❷ セルや文字が""（ダブルクォーテーション）で囲まれていない

❸ Select、Offset、Interior、Colorの前に.（ピリオド）がない

無限ループが起こったときにチェック！

　セルの値や色を条件とするDo 〜 Loop Untilの繰り返し構文で無限
ループを起こす大きな原因が３つあります。

❶ 「練習」シートが選択されていない

　　シートを選択していないと、ボタンのあるシートでマクロが動き出
します。条件に合うセルを探し出せず、無限ループになります。

❷ 条件とした値が実際のセルの値と完全一致していない

　　条件とセルの値が見た目上は同じでも、セルの値の後ろに空白がつ
いていることがあります。完全一致とならず、条件に合うセルを探し
出せないため、無限ループになります。

❸ 条件とした色が実際のセルの色と違う

　　条件とセルの色が同じに見えても、RGB値は一致していないこと
があります。条件に合うセルを探し出せず、無限ループになります。

4 回数を指定する繰り返し

　次に繰り返し回数を指定するマクロについて学んでいきます。

　今回はサンプルファイル「4_回数を指定.xlsm」の「練習」シートを使います。1行間隔で行を挿入する作業を2500回繰り返すマクロを作りましょう。次のようにデータが1行おきに並んでいる状態になります。

	A	B	C
1	テスト	テスト	テスト
2			
3	テスト	テスト	テスト
4			
5	テスト	テスト	テスト
6			
7	テスト	テスト	テスト
8			

　この場合は、処理回数をカウントするために変数を利用します。アルファベット一文字で「i」や「j」「k」などがよく用いられるので、ここでもiを使います（iは英語で整数という意味のintegerの頭文字です。jやkはiの続きなので用いられることが多いです）。

　回数カウント用の変数iをDimで宣言します。はじめに0を代入します。その後は1回処理を終えるごとに「i = i + 1」で1を足します。そしてiが目標の処理回数に達したら処理を終えるように条件を設定します。「i = i + 1」を書き忘れると、何回処理してもiの値が増えません。すると「i = 2500」という条件を満たさないので無限ループしてしまいます。

```
Dim i    '繰り返し数カウント用
i = 0                                        ・i = 0から始まる

Do

繰り返したい処理                              ・Doを1回通ると i = i + 1で i の値が1増
                                               える
                                             ・処理を2500回繰り返したい場合の条件は
i = i + 1                                       i = 2500
Loop  Until   i = 2500
```

回数を指定するときのコツ

　実際に2500回の繰り返し処理を作成していきましょう。

　繰り返しマクロを作成するときは、まず1回目や2回目の作業を手で
やってみましょう。その後マクロを書きはじめるとミスが少なくなりま
す。

　最初の行挿入では2行目を選択する必要があります（①）。

　2回目に選ばないといけないのは4行目です（②）。

①

	A	B	C
1	テスト	テスト	テスト
2	テスト	テスト	テスト
3	テスト	テスト	テスト
4	テスト	テスト	テスト
5	テスト	テスト	テスト
6	テスト	テスト	テスト
7	テスト	テスト	テスト
8	テスト	テスト	テスト

②

	A	B	C
1	テスト	テスト	テスト
2			
3	テスト	テスト	テスト
4	テスト	テスト	テスト
5	テスト	テスト	テスト
6	テスト	テスト	テスト
7	テスト	テスト	テスト
8	テスト	テスト	テスト

つまり「まず2行目を選び行挿入」して「2行ずらして行挿入を2500回繰り返す」ことになります。これでマクロに書く内容が明確になりました。繰り返しのマクロを作るときには、はじめの数回を手作業で試してイメージを掴むことが非常に大事なのです。

繰り返し処理は、今回のように対象のセルや行・列が規則的に動くときに使います。都度対象の行を直接指定しなくてもいいようにSelectionを使います。

このSelectionの使い方は少し難しいかもしれませんが、繰り返し処理には欠かせないものです。マクロを書く際にも非常に効率がよくなるので、ぜひ理解してください。

今回のマクロは次のように書きます。

```
Dim i    '繰り返し数カウント用
i = 0
Sheets("練習").Select
Range("2:2").Select

Do

    Selection.Insert
    Selection.Offset(2, 0).Select

    i = i + 1

Loop  Until   i = 2500
```

・i = 0から始まる

・Range("2:2").Selectで2行目を選ぶ

・Selection.Insertで行を挿入
・Selection.Offset(2,0).Selectで選択される行が2行ずつずれる
・Selectionを使うと対象が何行目でもマクロを変えなくて済む

・処理が1回終わるとiを1増やす
・iが2500になると繰り返し処理を終了する

マクロを使う　環境設定

セル行列操作の3ステップ

変数を理解し作業を減らす

条件分岐で対応力アップ

メッセージで使いやすく

繰り返し処理で作業効率化

シートコピーで手間が減る

悩んだらマクロの記録

シーン別！実践的活用法

簡単マクロでもっと便利に

完成させて動かしてみよう

「繰り返し3」という名前を付け、マクロを書きましょう。

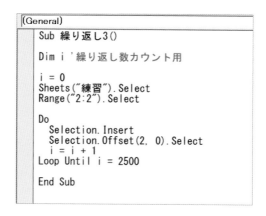

```
(General)
   Sub 繰り返し3()

   Dim i '繰り返し数カウント用

   i = 0
   Sheets("練習").Select
   Range("2:2").Select

   Do
     Selection.Insert
     Selection.Offset(2, 0).Select
     i = i + 1
   Loop Until i = 2500

   End Sub
```

　ボタンに今回のマクロを登録し、保存した後に押してみてください。
「練習」シートに1行おきに2500行挿入されれば成功です！

エラーが出たらチェック！　よくある間違い

❶ Range、Select、Dim、Selection、Insert、Offset、Loop、Untilなど
　の綴りが間違っている
❷ 2:2が""（ダブルクォーテーション）で囲まれていない
❸ Select、Offset、Insertの前に .（ピリオド）がない
❹「練習」シートが選ばれていない（ボタンのあるシートで実行される）

無限ループが起こったときにチェック！

　処理回数を条件にするDo ～ Loop Untilの繰り返し構文では「i = i +
1」が抜けていると無限ループが起きます。処理が終わってもiの値が増
えず、何度処理をしても条件に到達しないからです。

マクロを使う 環境設定

セル行列操作 の3ステップ

変数を理解し 作業を減らす

条件分岐で 対応力アップ

メッセージで 使いやすく

繰り返し処理 で作業効率化

シートコピー で手間が減る

悩んだら マクロの記録

シーン別! 実践的活用法

簡単マクロで もっと便利に

5 繰り返し奥義！ マクロ×VLOOKUP関数×MAX関数

それでは、回数を指定する繰り返し処理の上級編を学びます。

いよいよ「関数とマクロの合わせ技」を実践してみます。帳票にリストから名前や住所などを繰り返し差し込んだり、検索する文言を変えながらオートフィルタを何度もかけたりするときに有効です。

ここではサンプルファイル「5_繰り返し奥義.xlsm」を使い、帳票に情報を繰り返し差し込む方法を学びます。

	A	B	C	D	E	F
1						
2						
3		名前		田中 一郎		
4						
5		郵便番号		123-4567		
6						
7		住所		東京都杉並区		
8						
9						

差し込む元データには、このような名簿を利用します。

	A	B	C	D
1		①リスト		
2		氏名	郵便番号	住所
3		田中 一郎	123-4567	東京都杉並区
4		鈴木 二郎	234-5678	大阪府大阪市
5		山田 三郎	345-6789	京都府京都市

繰り返し処理のための3点セット

今回のパターンでは、マクロとVLOOKUP関数、MAX関数を組み合わせると処理効率が劇的に上がります。2つの関数を使ってマクロを書く前に次の3つを準備します。

❶ 差し込む対象のリスト（必ず通し番号を振る）
❷ 処理回数カウンター
❸ 今回必要な処理回数

　最初に差し込む対象のリストから準備しましょう。帳票に内容を
VLOOKUP関数で反映させます。図のように「顧客リスト」シートにあ
るリストに通し番号を入力しましょう。それを検索値にするのがポイン
トです。セルH2には1回目の処理ということで1を入力します。

	A	B	C	D	E	F	G	H	I
1		①リスト						②現在の処理回数カウンター	
2	番号	氏名	郵便番号	住所				1	
3	1	田中 一郎	123-4567	東京都杉並区				③今回必要な処理回数	
4	2	鈴木 二郎	234-5678	大阪府大阪市					
5	3	山田 三郎	345-6789	京都府京都市					

　その後「帳票」シートにリストの内容を反映させます。
セルC3に「=VLOOKUP（顧客リスト!H2,顧客リスト!A:D,2,FALSE）」
セルC5に「=VLOOKUP（顧客リスト!H2,顧客リスト!A:D,3,FALSE）」
セルC7に「=VLOOKUP（顧客リスト!H2,顧客リスト!A:D,4,FALSE）」
をそれぞれ入力してください。

	A	B	C	D	E	F
1						
2						
3		名前	=VLOOKUP(顧客リスト!H2,顧客リスト!A:D,2,FALSE)			
4						
5		郵便番号	=VLOOKUP(顧客リスト!H2,顧客リスト!A:D,3,FALSE)			
6						
7		住所	=VLOOKUP(顧客リスト!H2,顧客リスト!A:D,4,FALSE)			
8						
9						

リストの内容が帳票に表示されます。

	A	B	C	D	E	F
1						
2						
3		名前	田中 一郎			
4						
5		郵便番号	123-4567			
6						
7		住所	東京都杉並区			
8						
9						

「顧客リスト」のセルH2の数字を2や3に変えてみてください。帳票に反映されるデータがリストの2行目、3行目に変わります。

　リストの上から順番に処理をしていくので「1回目は番号1の田中一郎」「2回目は番号2の鈴木二郎」という処理を最後のデータまで続けます。こうして「繰り返し処理の回数（○回目）」と「反映されるデータの通し番号（番号○）」をリンクさせることができました。これが非常に重要です。

　次に、先ほど手で行った「セルH2の数字を変える作業」をマクロで自動化させる方法を考えましょう。そのためには「番号1」を「番号i」のように、変数で置き換えます。

　i回目の処理では、番号iのデータを利用します。そのとき、番号iの行のデータが帳票に表示されます。「i＝i＋1」をすれば処理のたびにセルH2の数字が変わります。

　そして、この処理を最後の行になるまで繰り返します。繰り返す回数はリストの番号（「顧客リスト」シートA列）の最大値と等しくなります。なぜなら、先ほどリストを作り「繰り返し処理の回数（○回目）」＝「反映されるデータの通し番号（番号○）」になっているからです。

　MAX関数を使うと、指定した範囲内の最大値を求められます。「顧客リスト」シートのセルH4に「＝MAX（A：A）」と入力しましょう。リストが3番まであるので、セルH4は3になります。これが❸の今回必要な処理回数です。

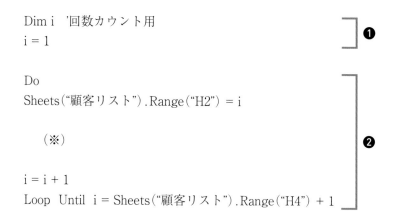

	A	B	C	D	E	F	G	H	I
1		①リスト						②現在の処理回数カウンター	
2		氏名	郵便番号	住所				1	
3	1	田中 一郎	123-4567	東京都杉並区				③今回必要な処理回数	
4	2	鈴木 二郎	234-5678	大阪府大阪市				=MAX(A:A)	
5	3	山田 三郎	345-6789	京都府京都市					
6									
7									
8									
9									

ここまでをマクロにしてみましょう。

```
Dim i  '回数カウント用
i = 1                                              ❶

Do
Sheets("顧客リスト").Range("H2") = i

    (※)                                           ❷

i = i + 1
Loop Until i = Sheets("顧客リスト").Range("H4") + 1
```

❶ 繰り返しカウント用に変数を1つ準備します。先ほど準備した変数i
です。1回目の処理なので1を入れましょう。

❷ 繰り返しのDo〜Loop Until構文を書きましょう。先に「Do」「i = i
+ 1」「Loop Until 条件」を書いておき、後で(※)部分を埋めるよう
にするとミスが少なくなります。

SheetsとRangeを組み合わせた書き方

Untilの後の条件部分を見てください。

「i = Sheets("顧客リスト").Range("H4") + 1」と書かれています。

マクロを使う
環境設定

セル行列操作
の3ステップ

変数を理解し
作業を減らす

条件分岐で
対応力アップ

メッセージで
使いやすく

繰り返し処理
で作業効率化

シートコピー
で手間が減る

悩んだら
マクロの記録

シーン別!
実践的活用法

簡単マクロで
もっと便利に

　これは、これまで1行ずつ書いていたシートとセルを選択する

Sheets("顧客リスト").Select

Range("H4") + 1

という2行をまとめた書き方です。条件は1行のマクロで設定しなければいけないので、このように書きます。これで「『顧客リスト』シートのセルH4」と指定できます。

　他の場面でも応用できます。例えば

Sheets("Sheet1").Select

Sheets("練習").Select

Range("B3")="あいうえお"

この下2行を「Sheets("練習").Range("B3") = "あいうえお"」と表せます。

　この書き方では、シートは選択されません。これ以前にSelectで選ばれたシートである「Sheet1」が選択されたままになっています。

条件設定の注意点

　今回の繰り返し処理では条件の設定に注意点があります。処理が3回で終わりだからと「Loop Until i = 3」としてしまうと、3回目の処理が漏れるのです。

　iは1回目の処理が終わったタイミングで2になります。同様に2回目が終わるときに3となりますから「Loop Until i = 3」とすると、ここで処理が止まってしまいます。ですから処理を3回させたい場合はiが4になるまで繰り返しさせる必要があります。

　Loop Untilの後の条件は、先ほどセルH4で求めた処理回数に1を足した値を、処理停止の条件にします。

1回目の処理	2回目の処理	3回目の処理
Do	Do	Do
1回目の処理	2回目の処理	3回目の処理
i = i + 1 [i = 2]	i = i + 1 [i = 3]	i = i + 1 [i = 4]
Loop Until i = 4	Loop Until i = 4	Loop Until i = 4

もし Until i = 3 だと
ここで終わってしまう

　これがマクロとVLOOKUP関数、MAX関数を組み合わせて繰り返しを制御するテンプレートです。実際の場面では（※）の部分にファイルの保存など繰り返し行いたい作業を入れます。実際の仕事に即した使い方はChapter9で紹介します。

Chapter

7

「シートごとコピー」で
コピペが超効率化する

POINT

　複数のエクセルファイルを開き、その間でデータをコピペする機会は多いのではないでしょうか。他のエクセルファイルを開き、データを持ってくるマクロを学びます。

　2つ以上のエクセルファイルを使って作業をするときは、シートごとコピーするのが効率的です。後の作業がすべて1つのエクセルファイル内で完結するからです。処理のたびにマクロでファイルを指定する必要がなくなります。

　このChapterでは、サンプルファイルを利用します。フォルダ「Chapter7」に必要なファイルが入っています（P.21参照）。

1　基本の考え方

　まず他のエクセルファイルからシートをコピーするにはどうしたらよいか考えてみましょう。やりたいことを図にまとめます。

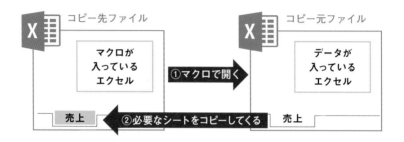

　マクロで他のエクセルファイルを開くには、次のような手順で処理を行います。

❶ コピー元のファイル（コピーしたいデータがあるファイル）を選択
❷ 選択したファイルを開く
❸ コピー元ファイルのシートをコピーし、コピー先ファイル（データをコピーして持っていく先のファイル）にペースト
❹ コピー元ファイルを閉じる

　マクロが組まれているコピー先ファイルにシートごとデータが来てしまえば、前章までに学んだ内容で対応できます。

この処理で必要な変数

　変数は3つ準備しておく必要があります。
　それぞれa、b_path、bとしましょう。
　aにはマクロが作ってあるコピー先のファイル名を入れます。

マクロを使う
環境設定

セル行列操作
の3ステップ

変数を理解し
作業を減らす

条件分岐で
対応力アップ

メッセージで
使いやすく

繰り返し処理
で作業効率化

シートコピー
で手間が減る

悩んだら
マクロの記録

シーン別！
実践的活用法

簡単マクロで
もっと便利に

コピーしたシートのペースト先を指定する❸で使います。

b_pathにはコピー元ファイルの「パス」を入れます。パスとは「どのフォルダに入っている何というファイルか」を示すファイルの住所のようなものです。ファイルの階層を表します。（例： C:¥Users¥UserName¥Desktop¥コピー元.xlsm）これは元ファイルを開く❶で使います。

| Cドライブ | Users | UserName | Desktop | コピー元.xlsm |

bにはコピー元ファイルの名前を入れます。ファイルを閉じる❹の作業で使います。

「コピー元ファイルの情報がなぜパスとファイル名の2つ必要なのか？」と思った方もいるでしょう。それにはパソコンでファイルを保存したり開いたりするときのルールが関係しています。

1つ目のルールは「違うフォルダであれば、同じ名前のファイルを複数作れる」です。これによって、マクロはファイル名だけではどのファイルを開くか確定できません。ファイルを開く場合は「○○というフォルダにある」という情報を含んだパスから指定する必要があります。

2つ目のルールは「同じ名前のファイルは、別フォルダにあったとしても同時に開けない」です。ですから一度ファイルを開いた後はファイル名を利用して操作するファイルを切り替えます。

2 シートを移動させる方法

　それでは、実際にマクロを書いていきます。

　「Chapter7」フォルダの中にある「コピー元.xlsx」と「コピー先.xlsm」を使います。

　今回は「コピー元.xlsx」の中の「売上」シートを「コピー先.xlsm」ファイルの一番左へシートごとコピーさせてみましょう。

　今回のマクロはこれまでよりも少し複雑です。ただ、他のエクセルファイルを開くマクロはほぼすべての状況で再利用できます。一度きちんと動くマクロを作りさえすれば、コピペで対応できます。ですから作り方を事細かに覚える必要はありません。「細部までちゃんと覚えないと！」と身構えずに、肩の力を抜いて読んでください。先ほど説明した手順がどのようにマクロになっているか理解して、自分でアレンジできれば十分です。

　マクロは次のように書きます。

　最初に変数を3つ宣言しておきます。それぞれの意味もコメントで書いておきましょう。

```
Dim a    'コピー先ファイルの名前
Dim b_path    'コピー元ファイルのパス
Dim b    'コピー元ファイルの名前
```

　マクロが入っているコピー先ファイルの名前は「ThisWorkbook.Name」を使って取得します。「このブック名」という意味です。それを

マクロを使う環境設定

セル行列操作の3ステップ

変数を理解し作業を減らす

条件分岐で対応力アップ

メッセージで使いやすく

繰り返し処理で作業効率化

シートコピーで手間が減る

悩んだらマクロの記録

シーン別！実践的活用法

簡単マクロでもっと便利に

変数aに入れます。

a = ThisWorkbook.Name

　それでは、P.150の手順に沿って説明していきます。

❶ コピー元のファイル（コピーしたいデータがあるファイル）を選択
「コピー元」を開きます。「Application.GetOpenFilename」を使うと、ファイルを選択するウィンドウが出ます。

　そこで選んだファイルのパスが変数「b_path」に入るように＝（イコール）で結んでマクロを記載します。

b_path = Application.GetOpenFilename

❷ 選択したファイルを開く

「Workbooks.Open b_path」と記載するとb_pathに入っているファイルパス先のファイルが開きます。

```
Workbooks.Open b_path
```

　この2行だけだと、ファイルを選ばずにキャンセルを押したり、ウィンドウを閉じたりすると「Workbooks.Open b_path」で開くファイルを指定できずエラーが出ます。

　それを回避するため「b_path」に何も入らなかった場合にメッセージを出して処理を止めるようにIfで条件分岐させます。少しマクロは長くなりますがエラーは出ないようにしておきましょう。

　もし「b_path」が「False（＝空の状態）」ならメッセージボックスで「処理を中断しました」と出し「Exit Sub（実行終了）」させます。そうでなければ「Workbooks.Open b_path」でコピー先ファイルを開き処理を進めます。

```
b_path = Application.GetOpenFilename
    If b_path = False Then
        MsgBox "処理を中断しました"
        Exit Sub
    Else
        Workbooks.Open b_path
    End If
```

❸ コピー元ファイルのシートをコピーし、コピー先ファイル（データを　コピーして持っていく先のファイル）にペースト

　コピー元のファイル名を変数bに入れます。「Dir（ファイルパス）」を使います。変数b_pathの中身はパスなのでDir（b_path）と書くとファイル名だけを抜き出せます。

b = Dir (b_path)

　２つのファイルが開いている状態では「Workbooks("ファイル名").
Activate」で対象のファイルを選択します。ファイル名が入っている変
数bを利用します。Workbooksにsを付けるのを忘れないでください。
変数を利用するときはファイル名に""（ダブルクォーテーション）は不
要です。

Workbooks (b) . Activate

「Sheets("売上") . Copy」で「売上」シートをコピーします。「コピー先」
である Workbooks(a) の一番左側のシートになるように貼り付けます。
これを「Before:=Workbooks(a) . Sheets(1)」と表します。
　Sheets(1) のシート名に""（ダブルクォーテーション）がないことに
注目してください。シート名の部分に名前ではなく数字が入ると、シー
トの名前ではなく順番を表します。Sheets(1) は「左から数えて１番目
（＝一番左）のシート」という意味です。その前（Before）は、一番左の
シートのさらに左横に貼り付けなさいということです。
　シートをペーストするときにはPasteは使いません。

Sheets ("売上") . Copy Before:=Workbooks (a) . Sheets (1)

❹ コピー元ファイルを閉じる
　コピー先ファイルを選びます（Activate）。その後コピー元ファイル
を閉じます（Close）。

Workbooks (a) . Activate
Workbooks (b) . Close

　すべてつなげると、次のようになります。

マクロを使う環境設定

セル行列操作の３ステップ

変数を理解し作業を減らす

条件分岐で対応力アップ

メッセージで使いやすく

繰り返し処理で作業効率化

シートコピーで手間が減る

悩んだらマクロの記録

シーン別！実践的活用法

簡単マクロでもっと便利に

```
Dim a 'コピー先ファイルの名前
Dim b_path 'コピー元ファイルのパス
Dim b 'コピー元ファイルの名前

a = ThisWorkbook.Name

b_path = Application.GetOpenFilename           ❶

  If b_path = False Then
    MsgBox "処理を中断しました"
    Exit Sub                                   ❷
  Else
    Workbooks.Open b_path
  End If

  b = Dir(b_path)
                                               ❸
  Workbooks(b).Activate
  Sheets("売上").Copy Before:=Workbooks(a).Sheets(1)

  Workbooks(a).Activate                        ❹
  Workbooks(b).Close
```

完成させて動かしてみよう

「取込」という名前を付け、マクロを書きましょう。

マクロを使う 環境設定

セル行列操作の3ステップ

変数を理解し作業を減らす

条件分岐で対応力アップ

メッセージで使いやすく

繰り返し処理で作業効率化

シートコピーで手間が減る

悩んだらマクロの記録

シーン別！実践的活用法

簡単マクロでもっと便利に

```
(General)
        Sub 取込()

        Dim a    'コピー先ファイルの名前
        Dim b_path    'コピー元ファイルのパス
        Dim b    'コピー元ファイルの名前

        a = ThisWorkbook.Name

        b_path = Application.GetOpenFilename
         If b_path = False Then
          MsgBox "処理を中断しました"
          Exit Sub
         Else
          Workbooks.Open b_path
         End If

        b = Dir(b_path)

        Workbooks(b).Activate
        Sheets("売上").Copy Before:=Workbooks(a).Sheets(1)

        Workbooks(a).Activate
        Workbooks(b).Close

        End Sub
```

　ボタンにマクロを登録し、保存した後に押してみてください。ウィンドウで「コピー元.xlsx」を選ぶと「売上」シートがマクロがあるファイルの一番左にくれば成功です！

　今後、他ファイルのシートを持ってくるときは、このマクロをコピー&ペーストしましょう。シート名を変更するだけで再利用できます。

エラーが出たらチェック！　よくある間違い

❶ ThisWorkbook や Application、Activate、Copy、Close などの綴りが間違っている

❷ メッセージやシート名「売上」が ""（ダブルクォーテーション）で囲まれていない

❸ :（コロン）が ;（セミコロン）になっている

❹ 変数b と b_path が混ざってしまっている

❺ End If が抜けている

シートを削除するテクニック

　持ってきたシートが必要がなくなった場合に削除する方法も学んでおきましょう。シート名を指定して「Delete」を使います。ただし、シートを削除しようとするとアラートが出てマクロが止まってしまいます。「削除」のボタンを押さないと再度動き出しません。

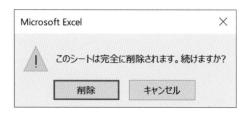

　シート削除の命令の前に「Application.DisplayAlerts = False」を書いておくと警告が出ません。

```
Application.DisplayAlerts = False
Sheets("売上").Delete
```

　このマクロは、エクセルを保存せずに閉じようとしたときのアラートも止められます。

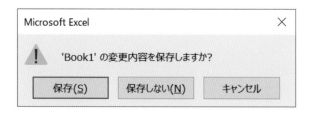

```
Application.DisplayAlerts = False
Workbooks(b).Close
```

　この命令は一度書くと「Application.DisplayAlerts = True」で元に戻すまで効果が続きます。1度マクロが終了するとTrueに戻ります。

8

書き方に悩んだら？
マクロの記録

POINT

　マクロの記録は記録ボタンを押してから記録終了ボタンを押すまでの作業内容が、自動的にマクロ化される仕組みです。自分がしたい動きの書き方を調べるときに参考にするとよいです。

　ただし、便利な半面この機能を使ってマクロを学びはじめるとスキルが全く上がりません。自動作成されたマクロには不要なコードがたくさん付くからです。

　ある程度学んだ今なら必要な部分の判断ができ、効果的に利用できるはずです。

　このChapterでは、サンプルファイルを利用します。フォルダ「Chapter8」に必要なファイルが入っています（P.21参照）。

1 マクロ記録ボタンの出し方

　マクロの記録は「開発」タブにあります。エクセルの初期設定では表示されていませんので、まずはこれを出しましょう。

「ファイル」タブを選択してください。

「オプション」を選びます。

「リボンのユーザー設定」を選択して、右側にある「開発」にチェック
を入れます。

これで「開発」タブが使えるようになりました。

2 マクロの記録の手順

　マクロを記録してみましょう。まずは「開発」タブから「マクロの記録」を押してください。

　マクロ名を決めるウィンドウが出てきます。そのままOKを押すと「Macro1」という名前のマクロになります。

　「マクロの記録」ボタンが「記録終了」ボタンに変わります。自分がやりたい作業をしてからボタンを押してください。この間に行った作業がマクロ化されます。

マクロは、自動で作られる標準モジュールの中に保存されます。

自分で作ったマクロと同じく、ボタンに登録し実行できます。

マクロを使う 環境設定

セル行列操作 の3ステップ

変数を理解し 作業を減らす

条件分岐で 対応力アップ

メッセージで 使いやすく

繰り返し処理 で作業効率化

シートコピー で手間が減る

悩んだら マクロの記録

シーン別！ 実践的活用法

簡単マクロで もっと便利に

3 実際にマクロを記録してみよう

　それでは簡単な例で実際にマクロの記録をしてみましょう。

　サンプルファイル「Chapter8_マクロの記録.xlsm」を開いてください。「練習」シートを動かしながら、マクロがどのように記録されるか確認します。

	A	B	C
1	テスト	1	
2	テスト	2	
3	テスト	3	
4	テスト	4	
5	テスト	5	
6			
7			

　マクロの記録ボタンを押し「Macro1」というマクロ名で記録をはじめてください。ここでは以下の3つの作業をしましょう。

❶「練習」シートでB列に列を挿入

❷ セルC6に数式「=SUM(C1:C5)」を入れて合計を計算

❸ セルC6を黄色に塗る

　作業が終わったら「記録終了」ボタンを押してください。

	A	B	C
1	テスト		1
2	テスト		2
3	テスト		3
4	テスト		4
5	テスト		5
6			15

　記録が終わったら、自動で作成されたマクロを確認してみましょう。マクロ作成画面を出すと、新しい標準モジュールができています。この中にマクロが入っています。

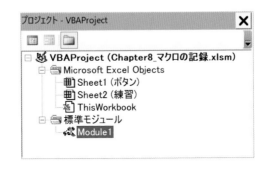

中を見ると先ほどの作業がマクロ化されています。
なんと、とても複雑なマクロができあがっています。

```
(General)
    Sub Macro1()
    '
    ' Macro1 Macro
    '

    '
        Columns("B:B").Select
        Selection.Insert Shift:=xlToRight, CopyOrigin:=xlFormatFromLeftOrAbove
        Range("C6").Select
        ActiveCell.FormulaR1C1 = "=SUM(R[-5]C:R[-1]C)"
        Range("C6").Select
        With Selection.Interior
            .Pattern = xlSolid
            .PatternColorIndex = xlAutomatic
            .Color = 65535
            .TintAndShade = 0
            .PatternTintAndShade = 0
        End With
    End Sub
```

　確かにこのまま使っても正常に動きます。ただ、今まで学んだことを用いれば、次の3行で済んでしまうはずです。

❶ Range("B:B").Insert

❷ Range("C6").Formula = "=SUM(C1:C5)"

❸ Range("C6").Interior.Color = RGB(255, 255, 0)

　たった３つの作業でこれだけの行数になってしまうのですから、いかにマクロの記録が冗長なものを生成しているかおわかりいただけたと思います。また、マクロの記録では変数、IF、繰り返しなども学べません。この機能だけに頼ってマクロを学ぶ危うさも感じられたかと思います。

　冗長なマクロの欠点はそのわかりづらさにあります。他の人が作業を引き継いだときに、マクロの読解にとても苦労することになります。自分で見返したときでさえ、苦しむことがあります。

　ですから、マクロの記録はわからないところだけをピンポイントに利用する程度にとどめましょう。冗長なマクロから必要なポイントを見極める知識が必要なのです。

Chapter

9

シーン別！
実際の仕事での
マクロ活用法

POINT

これまで、マクロを動かすための基礎的な知識を学んできました。

ここからはその内容を組み合わせ、実際の仕事のシーンで使えるマクロの使い方について説明します。

顧客別にエクセルをいくつも保存したり、何度もフィルタをかけたりするような、よくある作業を効率的にする方法について学んでいきます。

この Chapter では、サンプルファイルを利用します。フォルダ「Chapter9」に必要なファイルが入っています（P.21参照）。

シーン 1 データ差し込みから保存までを自動化（別ファイル保存編）

　サンプルファイルに「1_差し込み（別ファイル）」というフォルダがあります。その中の「1_差し込み（別ファイル）.xlsm」を利用して、決まった帳票に顧客リストから情報を入れ込みます。

　今回はChapter6で学んだテンプレート（→P.143）を利用し田中一郎さん〜山田三郎さんのデータを順番に作成し、同じフォルダに別々のエクセルファイルとして保存させます。

```
名前

　1_差し込み（別ファイル）.xlsm
　山田 三郎.xlsx
　田中 一郎.xlsx
　鈴木 二郎.xlsx
```

　繰り返し処理に必要な3点セットはあらかじめ入力してあります。

　ファイルを保存する部分（※）を作り、マクロを完成させましょう。

```
Dim i　'回数カウント用
i = 1
Do
Sheets("顧客リスト").Range("H2") = i

（※）

i = i + 1
Loop Until  i = Sheets("顧客リスト").Range("H4") + 1
MsgBox "処理が終了しました"
```

それではマクロを書いていきましょう。改めてDoの下から見ていきます。

まずiを「顧客リスト」シートのセルH2に入れます。最初は i = 1 ですから、帳票には田中一郎さんの情報が出ます。

Sheets("顧客リスト").Range("H2") = i

	A	B	C	D	E	F
1						
2						
3		名前	田中 一郎			
4						
5		郵便番号	123-4567			
6						
7		住所	東京都杉並区			
8						
9						

これを新しいエクセルファイルとして保存します。まず「帳票」シートをコピーし、内容が狂わないよう数式から値に変えます。

```
Sheets("帳票").Copy
Range("C3:C5:C7").Copy
Range("C3:C5:C7").PasteSpecial Paste:=xlValues
```

次に新しいエクセルファイルとして名前を付けて保存します。名前を付けて保存は「ActiveWorkbook.SaveAs」を使います。この後に半角スペースを空け、パスとファイル名を記載します。

```
ActiveWorkbook.SaveAs "C:¥Users¥UserName¥Desktop¥macro¥田中一郎.xlsx"
```

マクロを使う環境設定

セル行列操作の3ステップ

変数を理解し作業を減らす

条件分岐で対応力アップ

メッセージで使いやすく

繰り返し処理で作業効率化

シートコピーで手間が減る

悩んだらマクロの記録

シーン別！実践的活用法

簡単マクロでもっと便利に

保存先をマクロがあるエクセルと同じフォルダにする場合は
ThisWorkbook.Pathと書くとファイルパスの代わりとして使えます。
「C:¥Users¥UserName¥Desktop¥macro」の部分を「ThisWorkbook.
Path」に置き換えてみます。文字列との間は＆でつなぎます。

ActiveWorkbook.SaveAs **ThisWorkbook.Path** & "¥田中一郎.xlsx"

　まだ終わりではありません。ファイルパスで残っている部分は「¥田
中一郎.xlsx」の部分です。¥は文字列として扱います。
　田中一郎という文字は「帳票」シートのセルC3（つまり「Sheets("帳
票").Range("C3")」と表せる）に入っています。これを使い、パスの部
分は次のように書きます。最後に「.xlsx」を文字列として付けるのを忘
れないようにしましょう。

ActiveWorkbook.SaveAs ThisWorkbook.Path & **"¥"** & **Sheets("帳
票").Range("C3")** & ".xlsx"

　これで同じフォルダ内に顧客名のエクセルファイルを保存できます。
　このままだと保存後に「田中一郎.xlsx」のエクセルファイルが開きっ
ぱなしになってしまいます。不便なので、その都度閉じるようにしま
しょう。新しい名前で保存されたときはそのファイルが選ばれた状態
（Active）になっています。次のように書けば閉じられます。

ActiveWorkbook.Close

　この処理を3回繰り返せば全員分が完了します。最後にメッセージ
ボックスを入れておくと、終わったときにわかりやすいです。
　まとめて書くと次のようになります。

マクロを使う
環境設定

セル行列操作の3ステップ

変数を理解し作業を減らす

条件分岐で対応力アップ

メッセージで使いやすく

繰り返し処理で作業効率化

シートコピーで手間が減る

悩んだらマクロの記録

シーン別！実践的活用法

簡単マクロでもっと便利に

```
Dim i  '回数カウント用
i = 1
Do
Sheets(“顧客リスト”).Range(“H2”) = i

Sheets(“帳票”).Copy
Range(“C3:C5:C7”).Copy
Range(“C3:C5:C7”).PasteSpecial Paste:=xlValues
ActiveWorkbook.SaveAs ThisWorkbook.Path & “¥” & Sheets(“帳
票”).Range(“C3”) & “.xlsx”
ActiveWorkbook.Close

i = i + 1
Loop Until i = Sheets(“顧客リスト”).Range(“H4”) + 1
MsgBox “処理が終了しました”
```

(※)

完成させて動かしてみよう

「帳票保存」という名前を付け、マクロを書きましょう。

```
(General)                                              ▼ 帳票保存

Sub 帳票保存()

Dim i  '回数カウント用
i = 1

Do
Sheets("顧客リスト").Range("H2") = i

Sheets("帳票").Copy
Range("C3:C5:C7").Copy
Range("C3:C5:C7").PasteSpecial Paste:=xlValues
ActiveWorkbook.SaveAs ThisWorkbook.Path & "¥" & Sheets("帳票").Range("C3") & ".xlsx"
ActiveWorkbook.Close

i = i + 1
Loop Until i = Sheets("顧客リスト").Range("H4") + 1

MsgBox "処理が終了しました"

End Sub
```

ボタンにマクロを登録し、保存した後に押してみてください。3人分の「帳票」シートが、顧客の名前が付いた別々のエクセルファイルとして、同じフォルダ内に保存されれば成功です！

エラーが出たらチェック！　よくある間違い

❶ Range や MsgBox、ThisWorkbook、Path などの綴りが間違っている

❷ Path の前に．（ピリオド）がない

❸ パスの表記の""（ダブルクォーテーション）や&の位置が間違っている

❹ パスの表記で"¥"や".xlsx"が抜けている

❺ メッセージが""（ダブルクォーテーション）で囲まれていない

無限ループが起こったときにチェック！

　今回の繰り返し構文で無限ループになる大きな原因は2つあります。

❶ 条件で「顧客リスト」シートが選択されていない

「顧客リスト」シートのセルH4を元に処理回数を指定します。正しいシートを指定しないと別シートの同セルが参照されることがあり、無限ループかエラーになります。

❷ i = i + 1が抜けている

　処理が終わってからiの値を増やし忘れると、何度処理をしても条件に到達しません。無限ループになります。

マクロを使う環境設定

セル行列操作の3ステップ

変数を理解し作業を減らす

条件分岐で対応力アップ

メッセージで使いやすく

繰り返し処理で作業効率化

シートコピーで手間が減る

悩んだらマクロの記録

シーン別！実践的活用法

簡単マクロでもっと便利に

データ差し込みから保存までを自動化（PDF出力編）

サンプルファイルに「2_差し込み（PDF）」フォルダがあります。その中のサンプルファイル「2_差し込み（PDF）.xlsm」を利用して、名前や住所などを入れ込んだシートをPDFファイルとして出力します。

ここでもシーン1で利用した「顧客リスト」シートと「帳票」シートを利用します。

田中一郎さん～山田三郎さんのデータを順番に作成、同じフォルダに別々のPDFファイルとして保存させます。

```
名前
 2_差し込み（PDF）.xlsm
 山田 三郎.pdf
 田中 一郎.pdf
 鈴木 二郎.pdf
```

シーン1の「新しいエクセルファイルとして保存する」部分を変えます。PDF保存ではシートのコピーは必要ありません。

ActiveWorkbook.SaveAs ThisWorkbook.Path & "¥" & Sheets("帳票").Range("C3") & ".xlsx"
ActiveWorkbook.Close

この部分を「PDFとして保存する」指示に書き換えます。

PDFはシート単位で作成します。これは「ExportAsFixedFormat」というマクロを利用します。この後ろにTypeとしてxlTypePDFと、Filenameとしてパスまでを含んだファイル名を指定します。

Sheets("シート名").ExportAsFixedFormat Type:=xlTypePDF, Filename:="パスを含んだファイル名"

　ファイルパスの求め方は先ほどと同様です。「ThisWorkbook.Path」と「帳票」シートのセルC3にある名前を組み合わせます。

Sheets("帳票").ExportAsFixedFormat Type:= xlPDF, Filename:= ThisWorkbook.Path & "¥" & Sheets("帳票").Range("C3") & ".pdf"

　この処理をiを増やしながら3回繰り返させると全員分の処理が完了します。今回も最後にメッセージボックスを入れておきましょう。

```
Dim i　'回数カウント用
i = 1
Do

Sheets("顧客リスト").Range("H2") = i
Sheets("帳票").ExportAsFixedFormat Type:=xlTypePDF, Filename:=ThisWorkbook.Path & "¥" & Sheets("帳票").Range("C3") & ".pdf"

i = i + 1
Loop Until  i = Sheets("顧客リスト").Range("H4") + 1
MsgBox "処理が終了しました"
```

完成させて動かしてみよう
「帳票保存PDF」という名前を付け、マクロを書きましょう。

マクロを使う環境設定

セル行列操作の3ステップ

変数を理解し作業を減らす

条件分岐で対応力アップ

メッセージで使いやすく

繰り返し処理で作業効率化

シートコピーで手間が減る

悩んだらマクロの記録

シーン別!実践的活用法

簡単マクロでもっと便利に

```
(General)                                                      ▼  帳票保存PDF
Sub 帳票保存PDF()

Dim i '回数カウント用
i = 1

Do

Sheets("顧客リスト").Range("H2") = i

Sheets("帳票").ExportAsFixedFormat Type:=xlTypePDF, Filename:=ThisWorkbook.Path & "\" & Sheets("帳票").Range("C3") & ".pdf"

i = i + 1
Loop Until i = Sheets("顧客リスト").Range("H4") + 1

MsgBox "処理が終了しました"

End Sub
```

　ボタンにマクロを登録し、保存した後に押してみてください。3人分の「帳票」シートが、顧客の名前が付いた別々のPDFファイルとして同じフォルダ内に保存されれば成功です!

エラーが出たらチェック!　よくある間違い

❶ ExportAsFixedFormatやThisWorkbook、Pathなどの綴りが間違っている

❷ Filenameの前に,（コンマ）がない

❸ パスの表記の""（ダブルクォーテーション）や&の位置が間違っている

❹ パスの表記で"\"や".pdf"が抜けている

❺ メッセージが""（ダブルクォーテーション）で囲まれていない

無限ループが起こったときにチェック!

　今回の繰り返し構文で無限ループになる大きな原因は2つあります。

❶ 条件で「顧客リスト」シートが選択されていない

「顧客リスト」シートのセルH4を元に処理回数を指定します。正しくシートを指定しないと別シートの同セルが参照されることがあり、無限ループかエラーになります。

❷ i = i + 1が抜けている

　処理が終わってからiの値を増やし忘れると、どれだけ処理をしても条件に到達しません。無限ループになります。

シーン 3 フィルタとコピペの繰り返しがなくなる！ データ切りわけ

　営業担当者と担当エリアや実績などが記載されたデータを、担当者別に切りわける作業をしている方は多いのではないでしょうか。「田中」でフィルタをかけて、出てきたデータをコピーして別シートに貼る。次に「鈴木」でフィルタをかけてコピペする……といった仕事です。

　担当者が1人や2人ならいいですが、これが何十人となってくると手作業では相当しんどい作業になってきます。こうした作業は、繰り返し処理を使ってマクロにやらせましょう。

　今回はサンプルファイルの「3_フィルタ抽出.xlsm」を使います。

　「担当リスト」シートには田中、鈴木、佐藤、山田、中村の5人の担当者が記載されています。

　また「練習」シートには個人ごとの担当エリアをまとめたデータがあります。

「担当リスト」シート

	A	B
1	①リスト	
2	番号	担当者名
3	1	田中
4	2	鈴木
5	3	佐藤
6	4	山田
7	5	中村

「練習」シート

	A	B
1	担当名	担当エリア
2	田中	東京都
3	鈴木	神奈川県
4	佐藤	埼玉県
5	山田	千葉県
6	中村	茨城県
7	田中	栃木県
8	鈴木	群馬県
9	佐藤	福島県
10	山田	山梨県
11	中村	長野県

　この「練習」シートに「担当リスト」の5人の担当者名でそれぞれフィルタをかけます。「田中」でフィルタをかけた結果は「田中」シートに貼

マクロを使う　環境設定

セル・行・列操作の3ステップ

変数を理解し作業を減らす

条件分岐で対応力アップ

メッセージで使いやすく

繰り返し処理で作業効率化

シートコピーで手間が減る

悩んだらマクロの記録

シーン別！実践的活用法

簡単マクロでもっと便利に

るように、それぞれ担当者名と同じ名前のシートにコピペする作業を繰り返します。貼り付け先のシートは事前に作っておく必要があります。

| ‹ › | ボタン | 担当リスト | 練習 | 田中 | 鈴木 | 佐藤 | 山田 | 中村 | ⊕ |

準備完了　📷

　作業が終わると「田中」シートには田中さんの情報が「鈴木」シートには鈴木さんの情報が入ります。

	A	B
1	担当名	担当エリア
2	田中	東京都
3	田中	栃木県

	A	B
1	担当名	担当エリア
2	鈴木	神奈川県
3	鈴木	群馬県

　ここでもChapter6で学んだマクロと関数の合わせ技を使います。これまでと違うのは、VLOOKUP関数で「担当リスト」から抽出した情報を「練習」シートにかけるフィルタの検索条件として使うところです。

　リストの「番号1」を「番号i」のように、回数を数える変数iを利用して書き直して考えます。マクロは次のように考えて作成します。

❶ i回目の処理では番号iの人を「担当リスト」から抽出し、その名前で「練習」シートにフィルタをかける
❷ フィルタ結果をコピー
❸ フィルタの条件と同じ名前のシートを選び、セルA1にペースト

　それでは繰り返しに必要な3点セットから準備しましょう。「担当リスト」の内容をVLOOKUP関数を使って表示します。

　「担当リスト」シートのセルD2に1を、セルE2に「=VLOOKUP(D2,A:B,2,FALSE)」と入れましょう。

　セルD2が1のときはセルE2に「田中」と出ます。これをそのままフィルタの検索条件にします。

繰り返し回数の求め方はこれまでと変わりません。「担当リスト」シートのセルD4に「=MAX（A:A）」を入れましょう。

	A	B	C	D	E	F	G
1	①リスト			②現在の処理回数カウンター			
2	番号	担当者名		1	=VLOOKUP(D2,A:B,2,FALSE)		
3		1 田中		③今回必要な処理回数			
4		2 鈴木		=MAX(A:A)			
5		3 佐藤					
6		4 山田					
7		5 中村					

　それではマクロを書いていきます。変数と繰り返し部分を先に準備しましょう。

　変数は2つ必要です。回数カウント用の変数 i と、担当者名を入れる変数 tantou を Dim で宣言しましょう。

　番号1から処理をするので i には1を入れましょう。

```
Dim i　'回数カウント用
Dim tantou　'担当名用
i = 1
```

　次に、繰り返し部分の Do ～ Loop Until 構文の基本形と「i = i + 1」を書き、後で中身を書き加えるとミスが減ります。

　処理を終了させる条件はこれまで通り、必要処理回数に1を足した数にしましょう。「担当リスト」シートのセルD4の値に+1した値を設定します。

```
Do
(※)
i = i + 1
Loop Until i = Sheets("担当リスト").Range("D4") + 1
```

では (※) に入る ❶ ～ ❸ のマクロを考えていきましょう。

❶ **番号 i の人を「担当リスト」から抽出し、その人の名前で「練習」**
シートにフィルタをかける

i を「担当リスト」シートのセル D2 に入れます。最初は i = 1 なので、
VLOOKUP 関数によりセル E2 は「田中」になります。

セル E2 の内容を変数 tantou に入れます。これで i の値と tantou に
入る値がリンクします（i が 1 のとき tantou は「田中」、2 のときは「鈴
木」……）。

「練習」シートの A ～ B 列にオートフィルタを設置します。tantou を抽
出条件にして 1 列目にフィルタをかけましょう。

```
Sheets ("担当リスト") . Range ("D2") = i
tantou = Sheets ("担当リスト") . Range ("E2")
Sheets ("練習") . Range ("A : B") . AutoFilter 1, tantou
```

	A	B
1	担当名	担当エリア
2	田中	東京都
7	田中	栃木県

❷ **フィルタ結果をコピー**

❸ **フィルタの条件と同じ名前のシートを選び、セル「A1」にペースト**

フィルタのかかった A, B 列をコピーし、各担当者と同じ名前のシー
トに貼り付けます。

シート名は「Sheets (tantou)」と書くと指定できます。tantou が「田
中」の場合は Sheets ("田中") と同じ意味になります。

形式は値貼り付けにしましょう。数式が入っていても内容が狂いません。

```
Sheets ("練習") . Range ("A : B") . Copy
Sheets (tantou) . Range ("A1") . PasteSpecial Paste : =xlValues
```

マクロを使う環境設定

セル行列操作の 3 ステップ

変更を理解し作業を減らす

条件分岐で対応力アップ

メッセージで使いやすく

繰り返し処理で作業効率化

シートコピーで手間が減る

悩んだらマクロの記録

シーン別！実践的活用法

簡単マクロでもっと便利に

	A	B
1	担当名	担当エリア
2	田中	東京都
3	田中	栃木県

　ここまでが (※) の部分です。このままだと繰り返し処理が終わっても、元データにはフィルタがかかり続けています。繰り返しを抜けた後に「Sheets("練習").Range("A:B").AutoFilter」と書いてフィルタを解除しておくとよいです。

　すべてまとめるとこのようになります。

```
Dim i    '回数カウント用
Dim tantou    '担当名用
i = 1

Do

Sheets("担当リスト").Range("D2") = i
tantou = Sheets("担当リスト").Range("E2")                              ❶
Sheets("練習").Range("A:B").AutoFilter 1, tantou

Sheets("練習").Range("A:B").Copy ───────────────────── ❷
Sheets(tantou).Range("A1").PasteSpecial Paste:=xlValues ─ ❸

i = i + 1
Loop Until i = Sheets("担当リスト").Range("D4") + 1

Sheets("練習").Range("A:B").AutoFilter
```

完成させて動かしてみよう

「フィルタ応用」という名前を付け、マクロを書きましょう。

```
(General)
    Sub フィルタ応用()

    Dim i '回数カウント用
    Dim tantou '担当名用
    i = 1

    Do

    Sheets("担当リスト").Range("D2") = i
    tantou = Sheets("担当リスト").Range("E2")
    Sheets("練習").Range("A:B").AutoFilter 1, tantou

    Sheets("練習").Range("A:B").Copy
    Sheets(tantou).Range("A1").PasteSpecial Paste:=xlValues

    i = i + 1
    Loop Until i = Sheets("担当リスト").Range("D4") + 1

    Sheets("練習").Range("A:B").AutoFilter

    End Sub
```

　ボタンにマクロを登録し、保存した後に押してみてください。各担当者名のシートに、フィルタされた情報が貼り付けられていれば成功です！

エラーが出たらチェック！　よくある間違い

❶ RangeやCopy、PasteSpecial、xlValuesなどの綴りが間違っている
❷ Sheets(tantou)が""（ダブルクォーテーション）で囲まれている
❸ :（コロン）が;（セミコロン）になっている
❹ 「:=」ではなく「=:」の順番になっている

無限ループが起こったときにチェック！

　今回の繰り返し構文で無限ループになる大きな原因が2つあります。
❶ Loop Untilの条件で「担当リスト」シートが選択されていない

「担当リスト」シートのセルD4を元に処理回数を指定します。正しくシートを指定しないと別シートの同セルが参照されることがあり、無限ループかエラーになります。

❷ i ＝ i ＋ 1が抜けている

　処理が終わってからiの値を増やし忘れると、どれだけ処理をしても条件に到達しません。無限ループになります。

地味にめんどくさい！
列の挿入とデータの付け足し

マクロを使う　環境設定

セル・行・列操作の3ステップ

変数を理解し作業を減らす

条件分岐で対応力アップ

メッセージで使いやすく

繰り返し処理で作業効率化

シートコピーで手間が減る

悩んだらマクロの記録

シーン別！実践的活用法

簡単マクロでもっと便利に

　新しい列を挿入して、一番上のセルにVLOOKUP関数やSUM関数を入れる。そのセルをデータの一番下までドラッグでザッと引っ張ってコピーし情報を付け足す作業、よくありますよね。

　一度きりならよいのですが、定例資料を作るのに毎週繰り返していると地味にめんどう。実は、この作業もマクロにやらせることができます。

　ここではサンプルファイル「4_挿入＆付け足し.xlsm」を使います。「練習」シートに担当名と担当エリアの表があります。

	A	B
1	担当名	担当エリア
2	田中	東京都
3	鈴木	神奈川県
4	佐藤	埼玉県

「所属」シートの表から各担当者の所属を付け足します。

	A	B	C
1	担当名	所属	担当エリア
2	田中	営業1課	東京都
3	鈴木	営業2課	神奈川県
4	佐藤	営業3課	埼玉県

　今回はさらに処理の最後に数式を消して演算結果だけを値貼り付けします。これでエクセルを動かすたびに関数が再計算し、動きが遅くなることを防げます。

次のように考えてマクロを書いていきます。

❶ 「練習」シートB列に1列挿入し、セルB1にタイトルを付ける
❷ セルB2にVLOOKUP関数を入れ、表の1番下までコピーする
❸ ❷で数式を入れたセルをコピーし、同じ場所に値貼り付けする

では、1つずつ説明していきます。

❶「練習」シートB列に1列挿入し、セルB1にタイトルを付ける
「練習」シートを選び、B列に新たに列を挿入します。次にセルB1に
「所属」と入力します。

Sheets ("練習") . Select
Range ("B:B") . Insert
Range ("B1") = "所属"

	A	B	C
1	担当名	所属	担当エリア
2	田中		東京都
3	鈴木		神奈川県
4	佐藤		埼玉県

❷ セルB2にVLOOKUP関数を入れ、表の1番下までコピーする
セルB2にVLOOKUP関数「=VLOOKUP(A2,所属!A:B,2,FALSE)」を
入れて、所属を追加します。合わせてセルB2をコピーしておきます。

Range ("B2") . Formula = "=VLOOKUP (A2, 所属 ! A : B , 2 , FALSE)"
Range ("B2") . Copy

マクロを使う環境設定

セル・行・列操作の3ステップ

変数を理解し作業を減らす

条件分岐で対応力アップ

メッセージで使いやすく

繰り返し処理で作業効率化

シートコピーで手間が減る

悩んだらマクロの記録

シーン別！実践的活用法

簡単マクロでもっと便利に

	A	B	C
1	担当名	所属	担当エリア
2	田中	営業1課	東京都
3	鈴木		神奈川県
4	佐藤		埼玉県

　このセルからデータの終端セルB4までを選んでペーストします。

　データが何行あっても最後の行まで数式が貼り付けられるマクロにすれば使いやすくなります。

　黄色のセルはChapter2で学んだ終端セルと相対参照の組み合わせ（→P.62）で選択できます。A列の終端セルを探し、右に1つ移動させます。このセルをSelectで選択しておくと、以後はSelectionで表せます。

Range（"A100000"）.End（xlUp）.Offset（0, 1）.Select

　セルB2からSelectionまでを範囲選択するには「Range（"B2", Selection）」と書きましたね（→P.67）。ここに先ほどコピーした数式を貼り付けます。

Range（"B2", Selection）.PasteSpecial Paste：=xlFormulas

❸ ❷で数式を入れたセルをコピーし、同じ場所に値貼り付けする

　データを追加した範囲をコピーして、同じ範囲に値貼り付けしましょう。数式の結果が値になりファイルを軽くできます。VLOOKUP関数の参照元を消してしまってもエラーが出なくなります。

Range（"B2", Selection）.Copy
Range（"B2", Selection）.PasteSpecial Paste：=xlValues

まとめて書くと以下のようになります。

Sheets("練習").Select
Range("B:B").Insert   ❶
Range("B1") = "所属"

Range("B2").Formula = "=VLOOKUP(A2,所属!A:B,2,FALSE)"
Range("B2").Copy

❷

Range("A100000").End(xlUp).Offset(0, 1).Select
Range("B2", Selection).PasteSpecial Paste:=xlFormulas

Range("B2", Selection).Copy   ❸
Range("B2", Selection).PasteSpecial Paste:=xlValues

完成させて動かしてみよう

「情報列挿入」という名前を付け、マクロを書きましょう。

```
(General)
  Sub 情報列挿入()

  Sheets("練習").Select
  Range("B:B").Insert
  Range("B1") = "所属"

  Range("B2").Formula = "=VLOOKUP(A2,所属!A:B,2,FALSE)"
  Range("B2").Copy

  Range("A100000").End(xlUp).Offset(0, 1).Select
  Range("B2", Selection).PasteSpecial Paste:=xlFormulas

  Range("B2", Selection).Copy
  Range("B2", Selection).PasteSpecial Paste:=xlValues

  End Sub
```

ボタンにマクロを登録し、保存した後に押してみてください。「練習」
シートのB列に所属の情報が挿入されれば成功です！

エラーが出たらチェック！　よくある間違い

❶ Selection、End（xlUp）、PasteSpecial、xlValues、xlFormulasの綴り
　が間違っている

❷ B2とSelectionの間の，（コンマ）が：（コロン）になっている

❸ Range（"B2", Selection）の""（ダブルクォーテーション）が間違って
　いる

❹ ：（コロン）が；（セミコロン）になっている

❺ 「:=」ではなく「=:」の順番になっている

マクロを使う　環境設定

セル行列操作の3ステップ

変数を理解し作業を減らす

条件分岐で対応力アップ

メッセージで使いやすく

繰り返し処理で作業効率化

シートコピーで手間が減る

悩んだらマクロの記録

シーン別！実践的活用法

簡単マクロでもっと便利に

入力ミスが激減！
シートへのデータ追加

シーン 5

　この項目では、サンプルファイル「5_データ追加.xlsm」を使い、新しいデータを追加するマクロを学びます。今回の例では氏名、出身地、居住地を決まった枠内に入力しボタンを押すと、情報が追加されます。

　「入力」シートには、あらかじめ入力フォームとボタンを作成してあります。

　「練習」シートには氏名、出身地、居住地の項目を準備しています。

　ここに「入力」シートで記入したデータが追加されます。

	A	B	C
1	氏名	出身地	居住地
2			
3			
4			
5			

　マクロを書きはじめる前に入力されたデータを1列に並べます。

　次ページの図のようにセルA14からC14にそれぞれ数式を入れます。

マクロを使う環境設定

セル行列操作の３ステップ

変数を理解し作業を減らす

条件分岐で対応力アップ

メッセージで使いやすく

繰り返し処理で作業効率化

シートコピーで手間が減る

悩んだらマクロの記録

シーン別！実践的活用法

簡単マクロでもっと便利に

あらかじめ「入力」シート内で「練習」シートに貼り付ける形に整えておくことがポイントです。この３つのセルをコピー＆ペーストし、データを追加します。

マクロは次のように考えます。

❶ 並べたデータをコピーする
❷ 「練習」シートの終端セルより１つ下のセルを取得し、データを貼り付ける
❸ 入力ミスを防ぐ仕組みを入れる

❶ 並べたデータをコピーする
横１列に並べられたデータをコピーします。

Sheets("入力").Range("A14:C14").Copy

❷ 「練習」シートの終端セルより１つ下のセルを取得し、データを貼り付ける
「練習」シートでセルA100000から終端セルを取得するマクロを用います。データが入ったセルで止まった後、１つ下のセルにOffsetさせ、そ

こに貼り付けます。

1回目の処理ではセルA2へ貼り付けられます。2行目にデータが入ると、次の処理ではセルA3へ貼り付けられます。

数式をコピーしているので、貼り付けの形式は値貼り付けにします。

```
Sheets("練習").Select
Range("A100000").End(xlUp).Offset(1, 0).PasteSpecial
Paste:=xlValues
```

❸ 入力ミスを防ぐ仕組みを入れる

入力したデータを「入力」シートからクリアします。次の入力がしやすく、ダブリ入力のミスも防げます。

「入力」シートに戻り、情報を入力した3つのセルをクリアします。

```
Sheets("入力").Select
Range("B1:B3:B5").ClearContents
```

ここまでをまとめて書くと、次のようになります。

マクロを使う 環境設定

セル行列操作の3ステップ

変数を理解し作業を減らす

条件分岐で対応力アップ

メッセージで使いやすく

繰り返し処理で作業効率化

シートコピーで手間が減る

悩んだらマクロの記録

シーン別！実践的活用法

簡単マクロでもっと便利に

```
Sheets("入力").Range("A14:C14").Copy                              ❶

Sheets("練習").Select
Range("A100000").End(xlUp).Offset(1, 0).PasteSpecial            ❷
Paste:=xlValues

Sheets("入力").Select
Range("B1:B3:B5").ClearContents                                 ❸
```

完成させて動かしてみよう

「データ追加」という名前を付け、マクロを書きましょう。

```
(General)

Sub データ追加()

Sheets("入力").Range("A14:C14").Copy

Sheets("練習").Select
Range("A100000").End(xlUp).Offset(1, 0).PasteSpecial Paste:=xlValues

Sheets("入力").Select
Range("B1:B3:B5").ClearContents

End Sub
```

　ボタンにマクロを登録し、保存します。氏名などをセルに入力し、ボタンを押してみてください。「入力」シートのデータが消え、「練習」シートのデータの一番下に追加されれば成功です！

エラーが出たらチェック！　よくある間違い

❶ RangeやSelect、Copy、PasteSpecial、xlValuesなどの綴りが間違っている

❷ シート名やセルが""（ダブルクォーテーション）で囲まれていない

❸ SelectやCopyの前に.（ピリオド）がない

❹ :（コロン）が;（セミコロン）になっている

❺ 「:=」ではなく「=:」になっている

シーン 6

フォルダに放り込むだけでOK！複数ファイルからのデータ取り込み

　次に学ぶのは「様々な商品の売上データを1つにまとめたい」ときに活躍するマクロです。複数のエクセルファイルにあるシートを1つのエクセルファイルにまとめます。Chapter7の作業に似ていますが、ここでは特定のフォルダに入ったすべてのファイルをひとまとめにできます。

　サンプルファイルの「6_複数取込」フォルダにあるファイルを使います。3つのファイルの商品データを「商品別まとめ.xlsm」にまとめます。

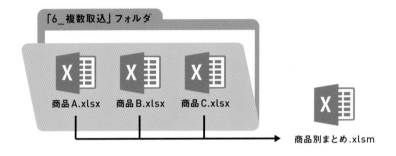

　それぞれのファイルから商品名のシートがコピーされて並びます。

　今回は元データ（商品別ファイル）の名前が「商品A.xlsx」「商品B.xlsx」「商品C.xlsx」だとわかっていて、常に同じ名前を付けているとします。

　データのまとめ先である「商品別まとめ.xlsm」を開いてください。「取込指示用」というシートを作ってあります。ここに繰り返しで必要

マクロを使う環境設定

セル行列操作の3ステップ

変数を理解し作業を減らす

条件分岐で対応力アップ

メッセージで使いやすく

繰り返し処理で作業効率化

シートコピーで手間が減る

悩んだらマクロの記録

シーン別！実践的活用法

簡単マクロでもっと便利に

なリスト、処理回数カウンター、今回必要な処理回数を準備します。

A列からC列のリストには、通し番号とデータを移動させるファイル名、シート名を入れてあります。移動させるファイルやシートが変わった場合にはここを変更します。

繰り返す部分のマクロは次のように考えて作ります。

❶ i回目の処理では番号iのエクセルファイルを開く
❷ シートをコピーし、まとめ先のファイルにペースト

	A	B	C	D	E	F	G
1		①リスト					
2	番号	ファイル名	シート名		②現在の処理回数カウンター	1	
3	1	商品A.xlsx	商品A		③今回必要な処理回数	=MAX(A:A)	
4	2	商品B.xlsx	商品B		ファイル名	=VLOOKUP(F2,A:B,2,FALSE)	
5	3	商品C.xlsx	商品C		シート名	=VLOOKUP(F2,A:C,3,FALSE)	

まずはエクセルのシートで繰り返しに必要な3点セットを準備をします。

セルF2を処理回数カウンターにするので1を入力してください。

セルF3には必要な処理回数を出すMAX関数を入れます。

処理回数カウンターを変数iとしi回目の処理内容をVLOOKUP関数で表示させます。セルF4とF5にVLOOKUP関数を入力し、ファイル名とシート名を出します。

それでは変数と繰り返し枠部分となるマクロを書いていきます。

Chapter7のマクロの発展形です。

まとめ先、データ元のエクセルの名前を入れる2つの変数と、繰り返しの処理回数をカウントする変数iを使います。さらに、移動させるシート名を入れるための変数kを用意します。

番号1から処理をするのでiには1を入れましょう。

```
Dim a    'コピー先ファイルの名前
Dim b    'コピー元ファイルの名前
Dim i    '処理回数カウント用
Dim k    '持ってくるシート名用
i = 1
```

次に繰り返し部分を書きます。

終了条件は「取込指示用」シートのF3に1を加え「Sheets("取込指示用").Range("F3") + 1」となります。

```
Do
(※)
i = i + 1
Loop Until i = Sheets("取込指示用").Range("F3") + 1
```

では、繰り返しの中身 (※) を書いていきます。

❶ i 回目の処理では番号 i のエクセルファイルを開く

セルF2に i を入れます。VLOOKUP関数で、セルF4とF5にそれぞれファイル名とシート名が出てきます。

```
Sheets("取込指示用").Select
Range("F2") = i
```

変数aにコピー先ファイルの名前、変数bにコピー元ファイルの名前、変数kに持ってくるシート名を入れます。

マクロが入っているエクセルと同じフォルダに商品別のファイルが入っています。変数bにはこのファイル名が入っているので、開きたいエクセルファイルのパスは「ThisWorkbook.Path & "¥" & b」で表せます。そのため、マクロが入っているエクセルを同じフォルダに入れてお

くと、パスを入力せずとも「ThisWorkbook.Path」を利用でき楽なので
す。

　Workbooks.Openのマクロを利用し、エクセルファイルを開きます。

```
a = ThisWorkbook.Name
b = Range ("F4")
k = Range ("F5")
Workbooks.Open ThisWorkbook.Path & "¥" & b
```

❷ シートをコピーし、まとめ先のファイルにペースト

　データ元のエクセルファイルを選びます(Activate)。

　変数kの名前のシートSheets(k)をコピーし、マクロが入っている
ファイルの一番左側に貼り付けます(→P.155)。

　マクロが入っているエクセルを選び(Activate)、データ元のエクセル
を閉じます(Close)。

```
Workbooks (b).Activate
Sheets (k).Copy Before:=Workbooks (a).Sheets (1)
Workbooks (a).Activate
Workbooks (b).Close
```

　これらをまとめると、次のようになります。

```
Dim a 　'コピー先ファイルの名前
Dim b 　'コピー元ファイルの名前
Dim i 　'処理回数カウント用
Dim k 　'持ってくるシート名用
i = 1

Do
```

マクロを使う 環境設定

セル行列操作 の3ステップ

変数を理解し 作業を減らす

条件分岐で 対応力アップ

メッセージで 使いやすく

繰り返し処理 で作業効率化

シートコピー で手間が減る

悩んだら マクロの記録

シーン別! 実践的活用法

簡単マクロを もっと便利に

Sheets("取込指示用").Select
Range("F2") = i
a = ThisWorkbook.Name
b = Range("F4")
k = Range("F5")
Workbooks.Open ThisWorkbook.Path & "¥" & b

❶

Workbooks(b).Activate
Sheets(k).Copy Before:=Workbooks(a).Sheets(1)
Workbooks(a).Activate
Workbooks(b).Close

❷

i = i + 1
Loop Until i = Sheets("取込指示用").Range("F3") + 1

完成させて動かしてみよう

「複数取込」という名前を付け、マクロを書きましょう。

```
|(General)
Sub 複数取込()

Dim a    'コピー先ファイルの名前
Dim b    'コピー元ファイルの名前
Dim i    '処理回数カウント用
Dim k    '持ってくるシート名用
i = 1

Do
Sheets("取込指示用").Select
Range("F2") = i
a = ThisWorkbook.Name
b = Range("F4")
k = Range("F5")
Workbooks.Open ThisWorkbook.Path & "¥" & b

Workbooks(b).Activate
Sheets(k).Copy Before:=Workbooks(a).Sheets(1)
Workbooks(a).Activate
Workbooks(b).Close

i = i + 1
Loop Until i = Sheets("取込指示用").Range("F3") + 1


End Sub
```

ボタンにマクロを登録し、保存した後に押してみてください。シート「商品 A」「商品 B」「商品 C」がコピーされていれば成功です！

エラーが出たらチェック！　よくある間違い

① ThisWorkbook.Path、Activate などの綴りが間違っている

② Workbooks の s が抜けている

③ フォルダパスの書き方が間違っている

④ Sheets(k) をコピーする部分の書き方を間違っている

無限ループが起こったときにチェック！

　今回の繰り返し構文で無限ループになる大きな原因が 2 つあります。

① 条件で「取込指示用」シートが選択されていない

「取込指示用」シートのセル F3 を元に処理回数を指定します。正しくシートを指定しないと別シートの同セルが参照されることがあり、無限ループかエラーになります。

② i = i + 1 が抜けている

　処理が終わってから i の値を増やし忘れると、どれだけ処理をしても条件に到達しません。無限ループになります。

マクロを使う
環境設定

セル行列操作
の 3 ステップ

変数を理解し
作業を減らす

条件分岐で
対応力アップ

メッセージで
使いやすく

繰り返し処理
で作業効率化

シートコピー
で手間が減る

悩んだら
マクロの記録

シーン別！
実践的活用法

簡単マクロで
もっと便利に

7 圧倒的速さと正確さを実現！
ダブりデータ削除

「あちゃ～。データのダブりを見逃してた（泣）。資料を作り直さなきゃ……」

誰でも一度はこんな経験をしたことがあるのではないでしょうか。いちいち手と目を使ってチェックするのは、時間も気力も使いますよね。

そこで、データのダブりを消すマクロを学んでいきます。

サンプルファイル「7_ダブり消し.xlsm」を使います。

まず「練習」シートのデータへオートフィルタをかけ、A列のダブリを消します。その後、右図のように「ダブりなし」シートにデータをコピー＆ペーストします。

ダブりを消すには「AdvancedFilter」という特殊なオートフィルタを使います。フィルタの詳細設定の項目を使うマクロです。どの操作なのか一度エクセルで見てみましょう。

「データ」タブにあるフィルターの項目に詳細設定があります。

ここにある「重複するレコードは無視する」をマクロで操作します。

特殊なオートフィルタをかけるには「AdvancedFilter」を書きます。後ろにダブり消し用の条件を加えます。

Range("A:A").AdvancedFilter Action:=2, CopytoRange:=貼付先,
Unique:=True

Action:=2は「データ上でフィルタをかけた後、別シートにコピー」
CopytoRangeは「ここにコピーを貼り付けます」
Unique:=Trueは「重複を無視します」という意味です。

今回、貼り付け先は「ダブりなし」シートのセルA1なので、マクロは次のようになります。

Sheets("練習").Select
Range("A:A").AdvancedFilter Action:=2,
CopytoRange:=Sheets("ダブりなし").Range("A1"), Unique:=True

完成させて動かしてみよう

「ダブリ消し」という名前を付け、マクロを書きましょう。

```
(General)                                                  ▼  ダブリ消し
     Sub ダブリ消し()

     Sheets("練習").Select
     Range("A:A").AdvancedFilter Action:=2, CopytoRange:=Sheets("ダブリなし").Range("A1"), Unique:=True

     End Sub
```

　ボタンにマクロを登録し、保存した後に押してみてください。「練習」シートのデータからダブリが消えたものが「ダブリなし」シートに貼り付いていれば成功です！

エラーが出たらチェック！　よくある間違い

❶ AdvancedFilter や CopytoRange、Unique、True などの綴りが間違っている

❷ A:A や A1 が ""（ダブルクォーテーション）で囲まれていない

❸ :（コロン）が ;（セミコロン）になっている

❹ 「:=」ではなく「=:」になっている

❺ AdvancedFilter と Action の間のスペースが抜けている

マクロか？手作業か？
最大限時短するための使いわけ

　マクロを実際の業務で使うときに最も大切なことは「マクロにさせること」と「マクロにさせないこと」を整理し、適切に使いわけることです。

マクロにさせること	マクロにさせないこと
①規則性のある繰り返し作業	①規則性のない作業
②行の削除や挿入、セルへの文字や数列の入力。いわゆる定型作業	②エクセルの関数でできる作業
③表やグラフの元データ作成	③書類の体裁を作り込む作業（グラフや見積書のデザインなど）
④マクロを制御する動き（メッセージボックスなど）	

マクロにさせること

　規則性のある作業を何度もするならば、変数や繰り返しの威力を最大限発揮できます。頻度は週1回、月1回だったとしても回数によっては時間を取られます。1度に繰り返す回数は少なかったとしても、何度もやるとなるとマクロの方が効率的なことが多いです。思い切ってマクロを書いてみましょう。

　ほかには、日頃繰り返す定型作業です。これまでに学んできたマクロを利用してボタン1つで終わらせるようにしましょう。

　また、表やグラフではその元となるデータをマクロで作成します。これらは「データ部分をマクロで更新すれば、表やグラフへ自動的

に反映される」という仕組みにしておきましょう。

　最後に、メッセージボックスのように、ユーザーの動きに合わせて処理を変更させるにはマクロを使います。マクロ自体の制御は、エクセル関数などではできません。

マクロにさせないこと

　マクロにさせない方が効率のよい作業もあります。

　まず、規則性のない作業はマクロで実行するには不向きです。繰り返しの条件や終端セルの選択などを工夫してマクロの応用力をあげることもできますが、それでも限界はあります。

　また、エクセルの関数を使ってできる演算は、わざわざマクロを使わず、これまで通りエクセルの関数を使って対応すべきです。

　最後にグラフや表、見積書などのデザインをする作業です。色やフォント、罫線の設定といった資料の美しさに関わる部分は手作業で追求しましょう。事前に手作業でデータが入っていない枠組みを作成しておき、マクロを使ってそこにデータを流し込む方が速くきれいに完成します。本書では「セルの幅を整える」「罫線を引く」「文字のフォントや大きさを変える」といったエクセル上で見た目を整えるためのマクロは紹介していません。それは「体裁はマクロで整えるものではない」という信念があるからです。

Chapter

10

超簡単なマクロで もっと効率化する テクニック

POINT

　これまで学んできたマクロだけでも、仕事が効率的になったのではないかと思います。

　この章ではそのマクロに少し手を加えて、さらに便利にするテクニックを紹介します。ファイルを開いたときに常に同じシートを表示させたり、自動でバックアップを取ったりできるようになります。

　このChapterでは、サンプルファイルを利用します。フォルダ「Chapter10」に必要なファイルが入っています（P.21参照）。

テクニック 1

重いマクロの処理が
激変する1行

今まで学んできたマクロでは、一瞬で作業が終わっていました。しかし、膨大な量の繰り返しなどで処理が増えると、作業完了に時間がかかることがあります。

その原因は行った処理を画面に反映させる、画面表示の更新に時間がかかっているためです。今回のマクロで画面の更新を停止させれば処理が早くなります。

ある程度処理の回数が多くないと効果を体感できないため、Chapter6で作成した「繰り返し3：2500行のデータに対して1行ずつ行を挿入するマクロ」を利用します。

「1_画面表示の更新.xlsm」に同じマクロを用意しています。どのくらい時間がかかるかを確認するために一度マクロを動かして、おおよその時間を計ってみてください。

処理中の画面表示の更新を制御する

それでは実際に、処理中の画面更新を停止させて処理を早くしましょう。以下のマクロを使います。

Application.ScreenUpdating = False

マクロの冒頭にあるSubの直後に
Application.ScreenUpdating = False
を記載すると、以後のマクロ処理中の画面更新が止まります。

マクロを使う環境設定

セル行列操作の3ステップ

変数を理解し作業を減らす

条件分岐で対応力アップ

メッセージで使いやすく

繰り返し処理で作業効率化

シートコピーで手間が減る

悩んだらマクロの記録

シーン別!実践的活用法

簡単マクロでもっと便利に

```
(General)

Sub 処理高速化()
Application.ScreenUpdating = False

Dim i '繰り返し数カウント用

i = 0
Sheets("練習").Select
Range("2:2").Select

Do
  Selection.Insert
  Selection.Offset(2, 0).Select
  i = i + 1
Loop Until i = 2500

End Sub
```

完成させて動かしてみよう

保存した後にマクロを実行させてみてください。画面が「練習」シートに移動せずに処理され、完了した段階で「練習」シートに移れば成功です!

エラーが出たらチェック!　よくある間違い

❶ApplicationやScreenUpdating、Falseの綴りが間違っている

時間削減効果はどれほど?

僕のPCで2500行の処理を比較するとScreenUpdatingなしでは11秒かかり、利用すると2.5秒になりました。

「もっと処理を多くしてみたらどうだろう?」ということで10000行の処理で比較しました。このときScreenUpdatingなしでは42秒だったのに対し、利用すると8秒とかなり差が広がりました。

繰り返し回数が多い処理の場合は、利用した方が効率がよくなりますね。

エクセルにも
トップページを作ろう

マクロ開始ボタンをまとめて置いているシートが、エクセルファイル
を開くたびに表示されたら便利だと思いませんか？

エクセルはファイルを開いたときに、保存して閉じた際のシートが出
てくるようになっています。そこで、どのシートで保存したかに関わら
ず、ファイルを開くたびに特定のシートが毎回表示されるマクロを学び
ます。

ボタンを押したタイミングではなく、エクセルファイルが開いたタイ
ミングで自動的にマクロを起動させる必要があります。

そのためには標準モジュールではなくThisWorkbookという場所にマ
クロを書きます。ここに書かれたマクロは、ワークブックでの動作（開
く、閉じるなど）をトリガーにして発動させることができます。エクセ
ルを開いたときに決まったシートを開かせたり、エクセルを閉じるとき
に別の場所にバックアップを保存させたりしたい場面で使います。

サンプルファイル「2_トップページ.xlsm」を利用します。

それでは、マクロ作成画面の左側にある「ThisWorkbook」をダブル
クリックしてください。

次に画面上部の（General）をWorkbookに変更してください。

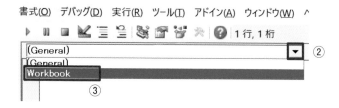

Workbookの右側が（Declarations）からOpenになります。
これでファイルが開かれたときに発動するマクロが作れます。

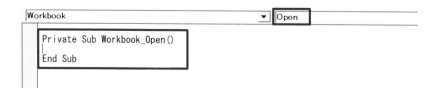

　ここにマクロを書きます。開きたいシートを選ぶのですが、このエクセルファイルにないシート名を書くとエラーが出ます。注意してください。ここでは「練習」シートを指定してみましょう。

Sheets("練習").Select

完成させて動かしてみよう

　それではマクロを書いてみましょう。

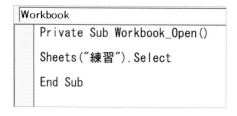

マクロを使う 環境設定

セル行列操作の3ステップ

変数を理解し作業を減らす

条件分岐で対応力アップ

メッセージで使いやすく

繰り返し処理で作業効率化

シートコピーで手間が減る

悩んだらマクロの記録

シーン別！実践的活用法

簡単マクロでもっと便利に

このマクロにはボタンが必要ありません。「練習」シートでないシートを選び、ファイルを保存した後に1度閉じます。再度開いたときに「練習」シートが表示されていれば成功です！

エラーが出たらチェック！　よくある間違い

❶ ThisWorkbookではなく標準モジュールに書いている（何も起きません）

❷ マクロ上部でWorkbookが選ばれていない

❸ SheetsやSelectの綴りが間違っている

❹ シート名が""（ダブルクォーテーション）で囲まれていない

❺ Selectの前に.（ピリオド）がない

マクロを使う　環境設定

セル行列操作の3ステップ

変数を理解し作業を減らす

条件分岐で対応力アップ

メッセージで使いやすく

繰り返し処理で作業効率化

シートコピーで手間が減る

悩んだらマクロの記録

シーン別！実践的活用法

簡単マクロでもっと便利に

転ばぬ先のマクロ！
バックアップの自動作成 その1

　作業をしていた大事なエクセルが、PCの突然の故障で復旧できなくなる。そんな経験はないでしょうか。これまで起きなかったとしても、こういった事故はいつ誰の身に降りかかってもおかしくありません。「こんなことになるなら、バックアップを取っておけばよかった……」と嘆いてみても後の祭り。とはいえ、わざわざ定期的にバックアップを取るのは手間がかかります。そこで、作業後にエクセルを閉じたタイミングで、別のフォルダにバックアップを自動作成するマクロを学んでいきます。

　指定しておいたフォルダに同じ名前のバックアップを保存させます。
サンプルファイル「3_バックアップ1.xlsm」を利用します。

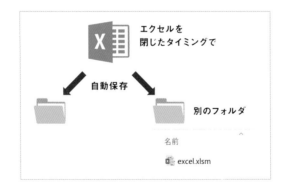

　マクロは次のように考えて作ります。

❶ エクセルファイルを閉じると、自動的に上書き保存する
❷ 加えて別のフォルダにも保存する
❸ ファイルを同じ名前で保存しようとした場合のエラーを処理

エクセルを閉じたタイミングでマクロを起動させるためには、標準モジュールではなく ThisWorkbook に書き込みます。

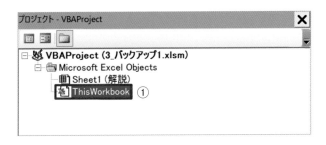

　画面上部にある（General）を Workbook に変更してください。

　選んだ Workbook の右側が（Declarations）から Open になります。ここを BeforeClose に変更してください。ファイルが閉じられる直前に発動するマクロになります。

マクロを使う 環境設定

セル行列操作の3ステップ

変数を理解し作業を減らす

条件分岐で対応力アップ

メッセージで使いやすく

繰り返し処理で作業効率化

シートコピーで手間が減る

悩んだらマクロの記録

シーン別！実践的活用法

簡単マクロでもっと便利に

　ここにマクロを書いていきます。今回はあらかじめファイル名と保存したい場所（ファイルパス）を指定しておく方法です。

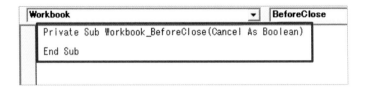

❶ エクセルファイルを閉じると、自動的に上書き保存する

　エクセルファイルを閉じようとしたタイミングで、マクロが入っているファイルを保存します。

ThisWorkbook.Save

❷ 加えて別のフォルダにも保存する

　もう1ヶ所、別のフォルダに保存します。マクロにファイルパスを記載する必要があります。

　ファイルパスを調べるときは、いったん手作業で保存したいフォルダを開きます。そしてアドレスバーからパスをコピーするのが効率的です。パスの最後にはファイル名を追記する必要がありますので注意してください。今回の例では僕のパソコンのフォルダなので「terasawa」というフォルダ名が入っています。そのまま使わず、必ず皆さんのパソコンのファイルパスをコピーしてください。

毎回同じフォルダへ、同じ名前でファイルを保存するにはこのように
書きます。

ActiveWorkbook.SaveAs "C:¥Users¥terasawa¥macro¥excel.xlsm"

❸ ファイルを同じ名前で保存しようとした場合のエラーを処理

別フォルダに保存しようとするとき、同じ名前のファイルだと2回目
以降はアラートが出ます。このとき「はい」を選ぶと上書きされますが
「いいえ」や「キャンセル」を選ぶとエラーが出てしまいます。

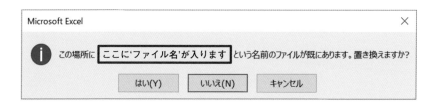

これに対応するため、エラーの場合は別処理をさせます。

On Error GoTo XXX
　処理1
Exit Sub

XXX:
　処理2

処理1には ❷ の ActiveWorkbook.SaveAs "C:¥Users¥terasawa¥
macro¥excel.xlsm" を入れます。

処理2には「処理を中止しました」のようなメッセージを入れるとい
いでしょう。

XXXに入る文字は何でもよいですが、2ヶ所を同じにする必要があ

マクロを使う
環境設定

セル行列操作
の3ステップ

変数を理解し
作業を減らす

条件分岐で
対応力アップ

メッセージで
使いやすく

繰り返し処理
で作業効率化

シートコピー
で手間が減る

悩んだら
マクロの記録

シーン別！
実践的活用法

簡単マクロで
もっと便利に

ります。これは「エラーの場合は処理1をスキップしXXXに飛び、処理2を行う」という意味です。処理1の後に「Exit Sub」を入れ忘れないようにしてください。忘れると処理1に続いて処理2も実行されてしまいます。

ここまでをまとめるとこのようになります。

ThisWorkbook.Save ─────────────────────────────── ❶

```
┌─On Error GoTo XXX

│  ActiveWorkbook.SaveAs "C:¥Users¥terasawa¥macro¥excel.xlsm"  ─ ❷
❸
├─Exit Sub

└─XXX:
    MsgBox "処理を中止しました"
```

完成させて動かしてみよう

マクロ作成シートに記入していきましょう。

```
Workbook
    Private Sub Workbook_BeforeClose(Cancel As Boolean)

    ThisWorkbook.Save

    On Error GoTo XXX
    ActiveWorkbook.SaveAs "C:¥Users¥terasawa¥macro¥excel.xlsm"
    Exit Sub

    XXX:
    MsgBox "処理を中止しました"

    End Sub
```

このマクロはボタンが必要ありません。エクセルファイルを閉じたときに指定したフォルダに自動で保存されていれば成功です！

再度試して、2回目以降にエラーが出ないか確認してください。

エラーが出たらチェック！　よくある間違い

❶ ThisWorkbook ではなく標準モジュールに書いている（何も起きません）

❷ BeforeClose が選ばれていない（何も起きません）

❸ ActiveWorkbook や SaveAs の綴りが間違っている

❹ パスが ""（ダブルクォーテーション）で囲まれていない

❺ パスが間違っている（ご自身のPCのパスにしてください）

❻ :（コロン）が ;（セミコロン）になっている

マクロを使う｜環境設定

セル行列操作の3ステップ

変数を理解し作業を減らす

条件分岐で対応力アップ

メッセージで使いやすく

繰り返し処理で作業効率化

シートコピーで手間が減る

悩んだらマクロの記録

シーン別！実践的活用法

簡単マクロでもっと便利に

転ばぬ先のマクロ！
バックアップの自動作成 その2

　続いては、毎回違う名前の別ファイルとしてバックアップする方法を学びます。処理が終わるたびに別ファイルとして保存しておきたい場合はファイル名をその都度変更する必要があります。

　自動的に毎回違う名前を付けるには、エクセルを閉じたときにファイル名に日付を付記して保存させるのが効果的です。あらかじめ保存するフォルダは決めておきます。

　サンプルファイル「4_バックアップ2.xlsm」を利用します。

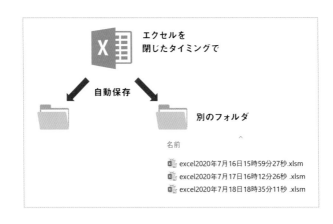

　マクロは次のように考えて作ります。

❶ エクセルファイルを閉じると、自動的に現在のシートを保存する
❷ 別のフォルダにも保存する。ファイル名を現在のファイル名と日付を組み合わせてダブらないようにして保存する

　基本的には前項と変わりません。マクロは標準モジュールではなくThisWorkbookに書きます。BeforeCloseを選ぶのも忘れないでくださ

い。❷のファイル名を作成する部分だけが変わります。ファイル名が毎回変わるので、上書きのエラーは起こりません。

　ファイル名の変え方についてこれから学んでいきます。

　まずはエクセル関数を組み合わせて、エクセルファイルを閉じたときの年月日時分秒を自動で取得しましょう。

- 今の日付を表すNOW関数
- 日付から年だけを取り出すYEAR関数
- 日付から月だけを取り出すMONTH関数
- 日付から日だけを取り出すDAY関数
- 日付から時だけを取り出すHOUR関数
- 日付から分だけを取り出すMINUTE関数
- 日付から秒だけを取り出すSECOND関数

これを

= YEAR(NOW())

のように組み合わせると現時刻から年の部分を取り出せます。それを月、日、時、分、秒とつなげていきます。

「時間」というシートのセルA1に次の関数を入れてください。

=YEAR(NOW())&"年"&MONTH(NOW())&"月"&DAY(NOW())&"日"&HOUR(NOW())&"時"&MINUTE(NOW())&"分"&SECOND(NOW())&"秒"

　このように書けば〇〇〇〇年〇〇月〇〇日〇〇時〇〇分〇〇秒とそれぞれの単位を入れることができます。

　このセルA1の値を一度変数に入れます。パスを作る際に文字列とその変数を＆でつないでファイル名に埋め込むのがポイントです。

Dim k　'時間を入れるための変数

ActiveWorkbook.Save　'まず一回保存してNOW関数を更新
k = Sheets("時間").Range("A1")　'変数kに時間を入れる

ActiveWorkbook.SaveAs "C:¥Users¥terasawa¥macro¥excel" & k & ".xlsm"

完成させて動かしてみよう

　マクロ作成シートに書いていきましょう。

```
Workbook
    Private Sub Workbook_BeforeClose(Cancel As Boolean)

    Dim k   '時間を入れるための変数

    ActiveWorkbook.Save    'まず一回保存してNOW関数を更新
    k = Sheets("時間").Range("A1")   '変数kに時間を入れる

    ActiveWorkbook.SaveAs "C:¥Users¥terasawa¥macro¥excel" & k & ".xlsm"

    End Sub
```

　このマクロもボタンは必要ありません。ファイルを閉じると指定したフォルダにファイル名が変わって自動で保存されれば成功です！

エラーが出たらチェック！　よくある間違い

❶ ThisWorkbookではなく標準モジュールに書いている（何も起きません）
❷ BeforeCloseが選ばれていない（何も起きません）
❸ ActiveWorkbookやSaveAsの綴りが間違っている
❹ パスが""（ダブルクォーテーション）で囲まれていない
❺ パスが間違っている（ご自身のPCのパスにしてください）
❻ パスに変数を組み込むところを間違えている
❼ :（コロン）が;（セミコロン）になっている

マクロを使う環境設定

セル行列操作の3ステップ

変数を理解し作業を減らす

条件分岐で対応力アップ

メッセージで使いやすく

繰り返し処理で作業効率化

シートコピーで手間が減る

悩んだらマクロの記録

シーン別！実践的活用法

簡単マクロでもっと便利に

あとがき

　ここまでで僕のマクロ講座は終了です。お疲れさまでした！

　学びはじめた頃はまるで宇宙語のように見えたマクロも、今ではだいぶ読めるようになったのではないでしょうか。

　これから皆さんはマクロを使ってご自身の業務をどんどん効率化させていくことと思います。上達する一番の秘訣は「マクロにこんなことをさせたい！」という内容をできるだけ具体化させることです。必要は発明の母といいますが、まさに今必要なことを実現しようとするからこそ、そのためのマクロが身に付いていくのです。

　さて、僕が本書を通して皆さんに伝えたかった思いはただ1つ。

「マクロで働き方を変えましょう！」ということ。

　マクロを学んだ皆さんは仕事への向き合い方が変わります。「目の前のことをこなすだけ」だったのが、「『これってマクロでできないか？』と一段高いところから業務を見る思考」ができるようになるはずです。ぜひ、普段の業務を「どうしたらマクロに処理をさせられるか」という視点で考え直してみてください。

　僕自身も仕事の全体像を見て改善策を考え、実現できてようやく目の前の仕事に追われなくなったのです。自分の仕事にあったマクロを作りあげ、エクセル仕事が一気に楽になる感覚を味わってください。

　世の中にはマクロを知らないがために、仕事に追われ、データを作成するだけで精一杯という人がたくさんいます。以前は僕もそのうちのひとりでした。そんな人たちのためにこの本を書きました。

　人生の大切な時間がエクセル仕事にどんどん奪われ、残業だらけで「もう嫌だ！」と嘆いている人もいるかもしれません。マクロを知るだけでそんな人生を大きく変えられるなら、みんなマクロにチャレンジするべきです。

そして、もうこれ以上単純なエクセル仕事で自分の大切な時間を消費したり、精神的に消耗したりする人が出てこないようにしたい。

　エクセルはマクロにやらせて、空いた時間を自分のために使おう。

　僕は、そう強く思っています。
　ですから、この本を読んでマクロができるようになった皆さんは、ぜひ周りのマクロを知らない人、過去に学ぼうとして挫折をした人にマクロを教えてあげてください。
　そして、マクロの知識がどんどん広がって、世の中の皆さんの仕事がもっともっと楽になることを心から願っています。

　　　　　　　　　　　　　　　　　2020年10月　寺澤伸洋

本書で出てくるマクロ

したい作業	マクロ	ページ
シートを選択	Sheets("シート名").Select	047
セルを選択 (1)	Range("E3").Select	049
セルを選択 (2)	Cells(3, 5).Select	050
範囲を選択	Range("B3:E5").Select	052
複数セルを同時選択	Range("B3,E5").Select	054
全セルを選択	Cells.Select	055
セルE3から 相対参照	Range("E3").Offset(2, 5).Select	057
終端セル（上へ）	End(xlUp)	061
終端セル（下へ）	End(xlDown)	061
終端セル（右へ）	End(xlToRight)	061
終端セル（左へ）	End(xlToLeft)	061
終端、 相対組み合わせ	Range("A100000").End(xlUp).Offset(0, 1).Select	063
今選ばれている セルを表す	Selection	065
RangeとSelection によるセル選択	Range(Selection, Selection.Offset(0,4)).Select	067
セルに文字を入力	Range("B3") = "文字列"	072
セルに数字を入力	Range("B3") = 数字	072
セルの内容をクリア	Range("B3").ClearContents	073
全セルの内容を クリア	Cells.ClearContents	074
セルに数式を入力	Range("B7").Formula = "=Sum(B1:B5)"	076
セルをコピー	Range("B5").Copy	078
値貼り付け	Range("E5").PasteSpecial Paste:=xlValues	080

したい作業	マクロ	ページ
数式貼り付け	Range("E7").PasteSpecial Paste:=xlFormulas	080
書式貼り付け	Range("E9").PasteSpecial Paste:=xlFormats	081
全貼り付け	Range("E11").PasteSpecial Paste:=xlAll	081
セルの塗りつぶし	Range("B2").Interior.Color = RGB(255, 255, 0)	083
文字色を付ける	Range("B2").Font.Color = RGB(255, 0, 0)	083
行を選択	Range("2:2").Select	088
複数行を選択	Range("2:4").Select	090
列を選択	Range("B:B").Select	088
複数列を選択	Range("B:C").Select	090
行を削除	Range("3:5").Delete	092
列を削除	Range("B:C").Delete	092
行を挿入	Range("3:5").Insert	094
列を挿入	Range("B:C").Insert	094
オートフィルタ設置・解除	Range("A:B").AutoFilter	096
「田中と等しい」で抽出	Range("A:B").AutoFilter 1, "田中"	097
「田中で始まる」で抽出	Range("A:B").AutoFilter 1, "田中＊"	098
「田中で終わる」で抽出	Range("A:B").AutoFilter 1, "＊田中"	098
「田中を含む」で抽出	Range("A:B").AutoFilter 1, "＊田中＊"	098
「田中」もしくは「佐藤」で抽出	Range("A:B").AutoFilter 1, "田中", xlOr, "佐藤"	099
「40より大きい」かつ「60以下」で抽出	Range("A:B").AutoFilter 2, ">40", xlAnd, "<=60"	099
変数の宣言	Dim 変数名	105

したい作業	マクロ	ページ

Ifの条件分岐	If 条件 Then
	条件が成立した場合の処理
	Else
	条件が成立しなかった場合の処理
	End If
		118

メッセージを出す	MsgBox "メッセージ内容"	122
メッセージの タイトルを変える	MsgBox "メッセージ内容", 0, "タイトル"	123
選択型メッセージ	ans = MsgBox("メッセージ", 4, "タイトル")	126
メッセージに アイコンを付ける	MsgBox "メッセージ内容", 0 + 64, "タイトル"	128
繰り返し処理	Do 繰り返したい処理 Loop Until 条件	133
回数指定の 繰り返し処理	Do 繰り返したい処理 i = i +1 Loop Until i=2500	140
マクロを動かしている ファイル名の取得	ThisWorkbook.Name	153
ウインドウで他ファ イルのパスを取得	Application.GetOpenFilename	153
ファイルパスから ファイルを開く	Workbooks.Open "ファイルパス"	154
ファイルパスから ファイル名を取得	Dir("ファイルパス")	155
特定のエクセル ファイルを選択	Workbooks("ファイル名").Activate	155
シートをコピーし 別のファイルに ペースト	Sheets("シート名").Copy Before:=Workbooks("ファイル名").Sheets(1)	155
シートを削除、 ファイルを閉じるの アラートを消す	DeleteやCloseの命令の前に Application.DisplayAlerts = False	158
シートを削除する	Sheets("シート名").Delete	158
ファイルを閉じる	Workbooks("ファイル名").Close	158
名前を付けて保存	ActiveWorkbook.SaveAs "ファイルパスとファイル名"	169
上書き保存	ThisWorkbook.Save	211

寺澤　伸洋 （てらさわ　のぶひろ）

1976年、大阪府生まれ。灘高校、東京大学経済学部卒業後、日系メーカーで17年間勤務。経理や営業、マーケティング、経営企画などに携わり、独学で覚えたエクセルマクロを用いて様々な分析や業務改革を行う。2017年、GAFAの日本法人のうちの1社へシニアマネージャー（部長）として転職。これまでエクセルマクロを用いた業務改善などで数多くの社内表彰を受けている。手作業では不可能なほど大量のデータを、短時間で分析しやすく加工したことが評価され、社内エクセルマクロ講習会の講師として延べ200人以上に講座を実施。エクセルマクロについて1から10まで教える詰め込み型の学習ではなく、仕事に必要な部分だけを効率的に学べる講座として満足度98％の高い評価を受けている。

【本書の内容について】
・本書に掲載されている情報は2020年10月時点のものです。Excel 2016以降で動作を確認したコードを掲載しています。また、解説のため使用している画面はWindows版のExcel 2016のものです。ご利用の環境によって表示などが異なる場合があります。
・本書の内容やサンプルコードの実行はすべてお客様自身の責任と判断のうえ、行ってください。いかなる損失を被った場合でも、著者並びに出版社は責任を負いかねます。ご了承ください。

4時間のエクセル仕事は20秒で終わる
──ノンプログラマーのGAFA部長が教えるExcelマクロ入門

2020年12月1日　第1刷発行
2021年9月17日　第5刷発行

著　者————寺澤伸洋
発行所————ダイヤモンド社
　　　　　　〒150-8409　東京都渋谷区神宮前6-12-17
　　　　　　https://www.diamond.co.jp/
　　　　　　電話／03·5778·7233（編集）　03·5778·7240（販売）
装丁————小口翔平＋三沢稜(tobufune)
本文デザイン・DTP—岸 和泉
校正————鴎来堂、三森由紀子
製作進行————ダイヤモンド・グラフィック社
印刷————勇進印刷
製本————ブックアート
編集担当————朝倉陸矢